本书为北京联合大学2018年授权——科技创新服务能力建设——基本科研业务费（科研类）促进残疾人教育的支持技术与相关领域学术问题研究（122139918290104063）资助项目

学习通用设计与聋人大学课程建设

XUEXI TONGYONG SHEJI YU
LONGREN DAXUE KECHENG JIANSHE

吕会华　李晗静　著

知识产权出版社
全国百佳图书出版单位
——北京——

图书在版编目（CIP）数据

学习通用设计与聋人大学课程建设/吕会华，李晗静著. —北京：知识产权出版社，2022.6
ISBN 978-7-5130-8129-0

Ⅰ.①学… Ⅱ.①吕… ②李… Ⅲ.①聋哑教育-高等教育-课程建设-中国 Ⅳ.①G762

中国版本图书馆 CIP 数据核字（2022）第 061255 号

内容提要

本书旨在探索学习通用设计如何促进聋人大学课程建设等相关问题，既有对聋人、手语、聋教育、无障碍、通用设计和学习通用设计的研究与思考，也有基于学习通用设计理念进行聋人大学课程建设的实践。

本书资料翔实、通俗易懂、实操性强，不仅可以帮助各级各类聋教育工作者了解学习通用设计的理念，还可以为参与融合教育的人员提供参考。

责任编辑：许　波　　　　　　　　责任印制：孙婷婷

学习通用设计与聋人大学课程建设

吕会华　李晗静　著

出版发行	知识产权出版社有限责任公司	网　　址	http://www.ipph.cn
电　　话	010-82004826		http://www.laichushu.com
社　　址	北京市海淀区气象路 50 号院	邮　　编	100081
责编电话	010-82000860 转 8380	责编邮箱	xubo@cnipr.com
发行电话	010-82000860 转 8101	发行传真	010-82000893
印　　刷	北京中献拓方科技发展有限公司	经　　销	新华书店、各大网上书店及相关专业书店
开　　本	720mm×1000mm 1/16	印　　张	10.75
版　　次	2022 年 6 月第 1 版	印　　次	2022 年 6 月第 1 次印刷
字　　数	146 千字	定　　价	68.00 元

ISBN 978-7-5130-8129-0

出版权专有　侵权必究

如有印装质量问题，本社负责调换。

前 言

学习通用设计（universal design for learning, UDL）是"通用设计"（universal design）这一理念在学习领域的具体应用。通用设计的核心是普适性的产品和环境设计，旨在使产品和环境能够最大限度地方便所有人（包括残障人士）使用，而在使用过程中无须再做任何调整，或者增加其他补充性的专门设计。后来，这种理念被应用到了教育领域，就产生了"学习通用设计"这一概念。美国特殊技术应用中心将"学习通用设计"定义为一种课程框架，包括教学目标、教学方法、教材和评估等。由于听力损失程度、受教育背景和口语康复效果等诸多因素的影响，聋人大学生群体在课程学习过程中具有个体差异大的特点。所以，为使每一个学生都得到充分的发展，在课程建设中，我们有必要运用学习通用设计这个理念。

由于聋人大学生群体内部个体差异大，对沟通的需求不同，所以只有解决了不同需求个体的沟通问题，才能使存在大差异的学生接受平等的教育和服务。

本书旨在探索学习通用设计如何促进聋人大学课程建设的问题，是笔者近年来对此问题的学习、思考和实践的结晶。本书共分为七章，第一章至第三章主要探讨了聋人、手语和聋教育的相关问题，从聋人的沟通特点等方面探索学习通用设计理念在聋人课程建设中的作用。第四章、第五章是对无障碍、通用设计及学习通用设计的介绍。第六章、第七章介绍了我们基于学习通用设计理念进行课程建设的情况。其中第六章以"中国手语语言学"课程为例,对如何在课程建设中融入学习通用设计的理念进行了深入细致的讨论。第七章介绍了基于学习通用设计理念制作教学视频的研究与实践。

目 录

第一章　认识聋人 ………………………………………………… 1
　　第一节　关于称谓 ……………………………………………… 3
　　第二节　聋人的沟通方式 ……………………………………… 6

第二章　认识手语 ………………………………………………… 17
　　第一节　关于手语 ……………………………………………… 19
　　第二节　手语是独立的自然语言 ……………………………… 26
　　第三节　手语和聋人成长 ……………………………………… 39

第三章　认识聋教育 ……………………………………………… 43
　　第一节　聋人的教育安置方式 ………………………………… 45
　　第二节　大差异班级的挑战 …………………………………… 61

第四章　从无障碍到通用设计 …………………………………… 67
　　第一节　无障碍 ………………………………………………… 69
　　第二节　通用设计 ……………………………………………… 72
　　第三节　融合教育 ……………………………………………… 76
　　第四节　差异教学 ……………………………………………… 80

第五章　学习通用设计 …… 83
第一节　何为学习通用设计 …… 85
第二节　学习通用设计指南 …… 87

第六章　基于学习通用设计的课程建设实践
——以"中国手语语言学"课程为例 …… 97
第一节　班级情况与课程现状 …… 100
第二节　数字时代的阅读材料 …… 109
第三节　多种形式呈现教学内容 …… 125
第四节　多种形式表达课程学习成果 …… 128
第五节　教学方法的学习通用设计 …… 128

第七章　基于学习通用设计理念的教学视频制作 …… 141
第一节　基于学习通用设计理念的教学视频录制 …… 143
第二节　教学短视频手语翻译实践报告 …… 147
第三节　基于学习通用设计的教学视频改造 …… 150
第四节　无障碍字幕的尝试 …… 155

后　记 …… 165

第一章 认识聋人

第一节 关于称谓

一、聋人

现在一般称呼听力残疾人为聋人、听力残疾人、听力障碍者、听觉障碍者等。

在上述几个称呼中,有人倾向于接受使用聋人这个词语,他们认为聋是一种状态。有人倾向于使用听力障碍者、听觉障碍者。"聋哑人"这一说法则是大家都不接受的,主要有两个原因:其一,哑是因为聋,聋人的发音器官是正常可用的,不哑。过去人们常说十聋九哑,这里的哑是因为听不见,所以不能发声。现在随着科技的进步,不少聋人经过听力言语康复,可以说出清晰准确的口语。其二,虽然有些聋人不能说口语,但是可以打手语,手语也是语言。听人用嘴说话,聋人用手说话。

也有研究者将听力残疾人分为重听人和聋人。重听人的听力损失程度相对较轻,利用助听设备(包括人工耳蜗和助听器),以及通过听觉和口语康复训练,可以分辨和听懂一部分话语声,能用口语直接交流。多数重听人是在普通学校接受的教育,他们很少有机会接触手语。聋人指听力损失程度严重的人,由于听神经受损,无论是不是佩戴助听器,他们都很难分辨和听懂话语。❶

本书所讨论的人群,既包括聋人也包括重听人。

综上,对听力残疾人,可以称其为聋人、听力障碍者、听觉障碍者,但不可使用"聋哑人""聋子""哑巴"等词语称呼他们。

---

❶ 杨军辉,吴安安,郑璇,等. 中国手语入门[M]. 郑州:郑州大学出版社,2014:26.

二、听人

辨析了对聋人的称呼,那么,和他们相对应的人群应该怎么称呼呢?相对应的词语有听力正常人、健全人、健听人、听人、普通人等。

听力正常人、健听人,这几个词语多少带有一些优越感,聋人听起来不舒服。于是,有研究者从听力的角度出发,称没有听力损失的为听人,将听人和聋人相对应。这种分类得到了大家的认同。后来,北京联合大学钟经华教授建议对残疾人用语中性化。❶ 实际上,残疾人可以说是有特殊需要的人,将另外那部分没有特殊需要的人称为普通人。

在本书中,我们采用目前学界使用较为普遍且不带有歧视色彩的聋人和听人称呼有听力损失和没有听力损失的两类人。但是,他人文献中的称呼可能五花八门,如果修改后不影响理解,笔者则将其改为聋人和听人;如果不宜修改,则尊重原作者。

三、文化聋和医学聋

国外对听力障碍者的分类和我国有些不同。从听力损失的角度分类,国外分为聋人和听力障碍者,所以在阅读国外文献的时候,常常会看到这样的表述:聋/听力障碍(Deaf and Hard of Hearing,D/HH)。从文化的角度分类,分为大写的 D 和小写的 d。大写的 D 是指使用手语作为自己的主要交流语言的人;小写的 d 是指选择使用口语为自己的主要交流语言的听力残疾人。也有一些戴助听器可以接听电话的聋人,他们的口语非常好,听力补偿效果比较好,也有比较高的听觉能力,可是他们仍然选择以手语作为自己的交流语言。听力障碍者或者重听人中也有一部分听力损失状态非常严重,他们不能接听电话,可是仍然很努力地选择了用口语作为主要的交流语言。这都是根据他们自己的选择或需要去做

---

❶ 北京高校教授倡议残疾用语中性化_ 新闻中心_ 中国网[EB/OL]. [2017-05-21]. http://t. m. china. com. cn/convert/c-G52y DEOO. html.

的决定，这两类人在我国统称"听力残疾人"。

四、聋人群体的异质性

根据《中国残疾人事业统计年鉴2021》提供的数据，截止到2020年12月31日，全国已办理残疾证的听力残疾人总数为3 200 358人。有些听力残疾人的残疾证写的是多重残疾，所以我们也查看了多重残疾的人数，为1 933 302人。综合讲，办理了残疾人证的听力残疾人三百多万。2021年，全国高等特殊教育学院一共录取了聋人本科生579人，专科生604人。普通高等院校录取了聋人本科生1052人，专科生1045人。❶

根据目前的分类，有些聋人被确定为多重残疾，即听力残疾加言语残疾。还有聋人会伴随视力障碍、智力障碍、肢体残疾等，这些也会被定为多重残疾。

除了一些比较权威机构的界定外，民间也有一些对聋人的分类方法，❷ 以下做简单介绍。

根据接受教育的学校，可以分为聋校生（特校生），一直在聋校（特殊教育学校）学习；转校生，在学龄的某个时间段由普通学校转入聋校；普校生，一直在普通学校读书。唐英的《听障四大家族》中还介绍了校外生，校外生是指没有进入学校接受教育的聋人。目前校外生越来越少。

根据心理归属，唐英将其分为圈内人（聋人圈、听障圈、普通圈）、边缘人和桥梁人。凡是懂手语并认识很多聋人，能够融入聋人圈并自认为是聋人的，属于聋人圈。不懂手语但认识很多听障者，有条件经常跟听障者交流并自认为是听障者的，属于听障圈。不懂手语也不认识其他听障者，但能完全融入普通群体并且不认为自己有缺陷的，属于普通圈。

---

❶ 中国残疾人联合会. 中国残疾人事业统计年鉴2021 [M]. 北京：中国统计出版社，2021：30, 58.

❷ 唐英. 听障四大家族 [EB/OL]. [2018-01-01]. http://www.cjrjob.cn/?viewnews-33786.

边缘人是孤独者群体，他们不认识其他同类，又不能完全融入普通社会，多数是普校生和农村聋人。桥梁人是既懂手语又会口语的听障者，能起到桥梁作用。

根据耳聋年龄，又可以分为语前聋、语后聋、成年聋和老年聋。成年聋和老年聋对语言发展和学习文化影响不大。语后聋比语前聋对语言发展的影响小一些。语前聋是在语言发展的最关键时期听力受损，对有声语言的学习影响最大。如果他们在年幼时没有及时进行语言学习，就会导致严重的语言发展滞后。这里所说的语言包括手语和有声语言，有声语言包括口语和书面语。

根据主要沟通手段，可以分为手语使用者和口语使用者，还有极少数的书面语使用者。手语使用者是主要以手语作为沟通交流工具的聋人，这类人在所有聋人中的占比不是最高的，但是沟通障碍最大。口语使用者是指主要以口语作为沟通交流工具的聋人，随着科技的进步和康复技术的发展，这类聋人的占比越来越高。

第二节 聋人的沟通方式

聋人，从沟通方式的角度看，是一个非常复杂的群体。有听损程度较轻，使用口语者；有听损程度较重，使用口语者。有听损程度较轻，使用手语者；有听损程度较重，使用手语者。有听损程度较重，读唇获取信息，口语表达者；有听损程度较重，读唇获取信息，手语表达者，等等。此外，还有使用汉语书面语、肢体语言沟通者等。群体内部个体差异很大。

一、使用汉语沟通

（一）使用汉语口语沟通

越来越多的聋人佩戴辅助设备，经过听力言语康复，可以使用口语进行沟通。但是，某位聋人大学生在朋友圈这样写道：

"不想因为我没听懂,让他尴尬;不想因为他没听懂,让我尴尬。"几位和我自己相同经历的小伙伴针对和听人相处的问题讨论了一下午,得出以上的结论。所以大家都在说话的场合不说话,这好像成了自尊的表现。

这位同学初中快毕业的时候,佩戴了人工耳蜗,而且高中之前一直在普通学校读书。之后因为心理和学业压力过大,转入聋校就读。后来参加残疾人高等教育单考单招考试,进入北京联合大学特殊教育学院学习。他做人工耳蜗手术以后,听觉能力有提高,口语比较清晰,爱读书,善思考。

从他的经历中我们可以看出,即使是口语比较好的聋人,在与人沟通的过程中,仍然存在着一些困难。

针对植入人工耳蜗及佩戴助听器的听力障碍人群在现实生活中所遇到的困难,中国聋人协会人工耳蜗植入者委员会主任、中国首位多通道人工耳蜗植入者陆峰曾经介绍说:"成人的耳蜗圈流行着这三句话,安静环境下我们是正常人,噪声环境下我们是聋人,多人聊天我们是局外人。"❶ 在陆峰的发言中,他提到了二次听障的概念。他介绍说,二次听障最早在日本流传,后来国际的听障圈普遍承认了这个概念。一次听障就是由各种原因导致的听力下降,以及重度听力损失。就是说没有听力了或者说听力下降了,这就叫一次听障。二次听障,是指在解决一次听障的问题后,由于社会支持未跟上,信息无障碍设施的缺乏而带来的信息获取障碍。目前,医学上比较完好地治疗了一次听障,耳朵不好了,听力不好了,就可以戴助听器,助听器解决不了的就做人工耳蜗,人工耳蜗再解决不了的就采用脑干植入,等等。但是二次听障,没有引起社会的足够重视,戴上了人工耳蜗后存在的问题可以统统归结到二次听障中。

2020年中国聋人协会人工耳蜗植入者问题研讨会纪要中谈到,二次听障是在优化使用辅听设备(助听器、人工耳蜗等)干预后,设备所能

---

❶ 陆峰. 二次听障的危害及解决方案[Z]. 第二届人工听觉植入峰会, 2019.

改善的听觉障碍问题得以最大限度地解决，但患者仍存在一定程度的听觉语言交流困难，同时出现明显的听觉疲劳问题和由此引发的非听觉语言认知领域问题（心理、社会适应等方面问题），使听障患者不能很好地融入周围环境，即"二次听障"。❶

1. 关于听

根据陆峰的介绍，结合我们自己在教学中和学生的接触，聋人之所以为聋人，是因为他们存在着或多或少的听力障碍。即使佩戴助听器和人工耳蜗之后补偿效果比较好的，对环境的要求也比较高。有回声、空旷、嘈杂等都会对听觉产生很大影响。听声音，需要安静，需要在一定距离内；读唇，需要光线，需要保持一定的距离，还需要说话人面对自己。即使听得到，也会时常出现听不清、听不懂的情况。

沟通时谈话者的语速和言语清晰度及戴口罩等问题也会影响听的效果。此外还有听觉疲劳的问题。关于听觉疲劳，陆峰认为："听觉疲劳是很难解决的问题。可能正常听力的人没有过这种感受，人工耳蜗的植入者长时间集中精力地听，特别是单侧人工耳蜗植入者会感觉非常疲劳。我自己试了一下，在集中精力的情况下只能听15分钟，我现在双侧植入人工耳蜗以后好多了，大概可以集中精力听40分钟，40分钟以后也很难再集中精力交流。"❷

2. 关于说

现在能说话的聋人很多，表达很清晰的也不少。也有一些口语表达不清晰的聋人，和陌生人、关系比较疏远的人用口语表达，别人听不懂他在说什么，只有关系非常亲近的人才能听懂。他们需要听众能耐心地听他们娓娓道来。当听不清他们说什么的时候，请告诉他们，可以要求他们再说一遍，也可以转为笔谈。

---

❶ 2020年中国聋协人工耳蜗植入者问题研讨会纪要［EB/OL］．［2020-06-23］．https://www.sohu.com/a/403845546_701427.

❷ 陆峰．第三届人工耳蜗植入者论坛发言．［EB/OL］．［2019-11-02］．https://www.sohu.com/a/360162114_100117033.

有些人会存在一些误解，当看到聋人说话很清晰的时候，会下意识地将其当听人看待。但是我们应该认识到，他们之所以是聋人，是因为听力有障碍。之所以能说话，是因为他们的发音器官没有问题，部分人经过艰苦的训练，可以说口语，所以他们是聋人，不是聋哑人。

当然也可以利用现代技术，将讲话人的口语通过语音识别软件转为文字，聋人自己将所要表达的内容用电脑、手机等进行文字输出。这解决了很大一部分聋人和听人沟通的问题。我们也应该看到，在解决这个问题的同时，又出现了另外一个问题，这些需要聋人的汉语书面语过硬。实际情况如何呢？我们将在后续章节进行讨论。

（二）使用汉语书面语沟通

由于声音的缺失，再加上手语是一门视觉模式的语言，这使聋人的视觉异常敏感，分辨手语"音位"的能力超出普通人。同样，由于受听力损失程度、受教育情况、语言康复情况及第一语言手语等诸多因素的影响，部分聋人的汉语水平较低，他们学习汉语具有将汉语作为第二语言学习的特点。无论是阅读还是写作，他们都与同龄人有较大的差异。汉语书面语是所有聋人通过学习都可以掌握的语言技能，是他们学习知识、提高能力、为社会做贡献、融入主流社会所需要的最重要的语言技能。但是，目前聋人在汉语的理解和输出方面都与汉语母语者存在着一定差距。

在理解汉语方面，以对词语的理解为例，有的是对一些词语不理解。这主要集中在表达抽象概念的词语、词语表面意思和真正内涵有差距的词语，如成语、俗语、歇后语及口语化的词语等。有的是词语的意思是A，而聋人理解为B，却浑然不知。发现聋人不理解的词语比较容易，因为他们会发出询问，难以把握的是他们出现了理解错误，自己却浑然不知。

在输出汉语方面，聋人写的汉语书面语常常会令听人感到困惑，甚至看不懂。因为他们写出来的句子依照现代汉语的标准是病句。颠倒、句式杂糅、用词不当、搭配不当的情况常常出现。以词语中语素颠倒为例，不只是"鸳鸯""灿烂"这些字形字音相近的词语容易写颠倒，一些常用的字形不相干的字也会写颠倒，比如将"福特"写成"特福"，"蛋糕"写成"糕蛋"等。

为什么会出现上述情况呢？因为聋人和听人学习汉语书面语的途径、方式不一样。

不同的研究者对"书面语"的界定有所不同。邢福义、汪国胜主编的高等院校小学教育专业规划教材《现代汉语》认为："书面语和口语是语言的两种存在形式。书面语是写（印）出来的语言，口语是说出来的语言；书面语的物质载体是文字，口语的物质载体是语音。书面语是在口语的基础上发展起来的，先有口语，后有书面语。也就是说，口语是第一性的，书面语是第二性的。"❶ 如果按照这个标准去衡量聋人的汉语书面语，一部分使用口语的聋人，在辅助技术的支持下，先学口语，在口语的基础上学习书面语；还有一部分使用手语的聋童，没有汉语口语基础，他们直接学习汉语书面语或者在手语的基础上学习书面语，而不是在口语的基础上学习。

一般认为，书面语比口语更规范，因为书写书面语有时间斟酌，可以进一步修改。但对部分聋人而言，他们用书面语直接和人沟通交流，是将口语交流书面化。书面语是他们所看到的所有文字，也是他们写出来的所有文字。和与"口语"对应的"书面语"不一样，尤其是在笔谈的时候，笔谈是即时沟通，双方在笔谈的时候，文字会有省略、颠倒、重复等现象。教师上课时也是一样，语音识别出来的文字也是偏口语化的。聋人既要理解和产出"文章"，也要学会理解那些被省略、简化的文字。要能够在和别人笔谈时，快速、准确地表达自己的想法。

对聋人而言，书面语是所有一切写（印）出来的语言。

普通儿童学习汉语书面语，是在口语的基础上进行学习的。当他们进入小学开始学习书面语的时候，他们已经通过听、说积累了大量的词

---

❶ 邢福义，汪国胜. 现代汉语 [M]. 北京：高等教育出版社，2010：6.

汇、句法知识已经接近成人的水平。而很多聋人在这方面要远远低于普通汉语母语儿童。

即使是将汉语作为第二语言学习，聋人学习第二语言的书面语也和其他普通儿童学习第二语言不同。比如，汉语普通儿童学习英语，是将英语作为第二语言学习，但是他们学习英语是英语口语和书面语相结合学习。听说领先，读写跟上，是目前将英语作为第二语言学习的主要教学法。第二语言的口语和书面语联系紧密，这种方法一定程度上和母语学习接近，也是在口语的基础上学习书面语。普通儿童是在有了一门熟练使用的母语口语和书面语的基础上学习第二语言书面语的。

95%以上的聋人出生于听人家庭，他们听不到父母和家人使用的有声语言，父母和家人对手语一无所知。在一段时间内，聋人的语言输入几乎为零。发现孩子听力受损以后，很多家长除了求医问药以外，工作的重点是对孩子进行语言康复训练，也就是教孩子学说话。聋童学习口语非常艰难，他们借助助听器等辅助技术及视觉帮助，比如读唇等，接收到的是碎片化的信息。因此，部分使用口语的聋人，他们是在微弱的口语的基础上学习书面语的，由于输入的缺失，他们学习汉语书面语同样存在巨大困难。

崔亚冲统计了北京某聋校的10位语前听障学生，年龄在9~14岁，四年级。他们均佩戴助听器或植入人工耳蜗。汉语是他们的第一语言。她统计了这些学生的100篇日记，日记总计9968字，平均每篇9句话。根据这个数据，我们推算，100篇日记约有900句话。她的统计结果显示，100篇日记中出现了616例"瑕疵句"。❶我们根据崔亚冲的数据计算后可以得出这样的结果：这些学生的句子的正确率是32%。这和我们根据T单位统计的聋人大学生的句子正确率是一致的，聋人大学生的句子的正确率平均为40.85%。

---

❶ 崔亚冲，听障学生汉语"瑕疵句"表现及对策分析［J］．现代特殊教育，2018（8）：50-54．

有关聋人在佩戴助听器情况下视听觉的利用程度问题，李春燕对此进行了总结。她指出，在不佩戴助听器的情况下，听力损失超过60分贝的听觉障碍儿童学习语言的主要渠道是视觉；在佩戴助听器的情况下，听力损失超过90分贝的听觉障碍儿童学习语言的主要渠道是视觉。在《听觉障碍儿童融合教育语言教学模式论析》这篇文章中转引了《当代特殊教育》中的资料，詹西玛（Jensema）等人对美国聋生及特殊教育人员的抽样调查资料表明，聋与重听学生中能很好地运用口头语言的只有15.4%，较好的运用者占29.4%，较差运用者占21.9%，几乎没有说话能力的占20.5%，全然不能开口讲话的占12.8%。据我国香港和台湾地区有关专家的测试，植入电子耳蜗的儿童，即使经过两三年的康复训练，仍有95%将视觉线索作为主要的信息来源，即需要借助看话来帮助他们理解他人的话语。只有5%植入电子耳蜗的儿童可以不借助看话，而只靠听来理解会话内容。❶ 这些资料都是2007年以前的数据，这些数据证明了一个问题：聋人依赖视觉，并将其作为主要的信息来源。随着科技的进步和康复手段的提高，聋人的听说能力有所提高。但无论是读唇还是看手语、书面语，看见是前提。我们曾经对上百位不同听力状况、口语水平、就读学校的聋人进行访谈。在《残疾人参加普通高等学校招生全国统一考试管理规定（暂行）》颁布之前，因为普通高考不免除聋人的外语听力测试部分，聋人参加普通高考时外语听力是他们的拦路虎之一。即使现在参加普通高考时可以申请免予外语听力测试，可在平时的学习中，外语听力仍然会对学生造成一定的影响。一位毕业于某著名高中的聋生说："虽然高考英语听力可以申请免试，但是，平时大小考试还是要和同学一样去听，听力做不好，在一定程度上挺影响自己的排名的。"还有被调查人讲："最怕同学、朋友从后边喊自己。"还有被调查人讲："在普校读书，最大的障碍是看不到教师口型的时候不知道教师在讲什么。

---

❶ 雷江华，邓猛. 听觉障碍儿童融合教育语言教学模式论析 [J]. 中国特殊教育，2007（2）：13-18.

有的教师语速快，方言重。"

部分使用手语的聋人，更是在支离破碎的手语语言知识的基础上直接去学习汉语书面语。他们学习汉语书面语的困难更大。他们和有口语基础的儿童不同，他们缺乏语音意识，在字义提取的时候，更多地采用了通过字形直接提取字义的直通加工模式。普通人则更多地采用形/音转化后提取字义的加工方式。但是，聋人读者的阅读知觉广度比听人读者大，并且都具有非对称性的特点。聋人的这种知觉特点有利也有弊，好处在于聋人可以将更多的注意力放在周围的事物上——当有潜在危险的时候，增强的视觉可以使受损伤的听觉获得功能性的补偿，更有利于生存；弊端在于这种知觉特点不利于聋生的阅读。根据注意力资源的分配理论，聋人将更多注意资源分配在了副中央凹上，使中央凹对文本的加工受到影响，从而影响阅读速度。❶

二、使用手语沟通

手语是聋人的语言，他们是手语的创造者和使用者。就目前中国社会的情况来看，在家庭教育和学校教育中，对聋童手语的学习重视不够，目前部分聋人的手语水平比较低，聋人的手语水平参差不齐。

95%以上的聋童出生在听人家庭中，他可能是他的家庭、家族甚至整个社区唯一的聋童。从小没有机会接触手语、学习手语。到了学龄期，他们中的一些人会在不同的年龄段进入特殊教育学校（聋人学校），因此他们也在不同年龄段开始手语的学习。他们的手语教师包括学校中的听人/聋人教师、高年级同学、同班同学等。在聋人学校的教师中，听人教师是主力，而这些听人教师的手语大多是手势汉语。再加上家长和教师的固有观念认为手语会影响汉语的发展，从而导致一些聋童未能及早学到聋人手语。即使是出生在聋人家庭的聋童，也不一定就能够有条件从

---

❶ 鲍文慧，肖秦. 聋人阅读知觉广度的研究现状与展望[J]. 现代特殊教育，2018（1）：54-56.

小学习聋人手语。有的聋童从小由听人亲属监护长大，和自己同为聋人的父母或家人接触有限，不能在自然环境中习得手语。

　　这样的结果使得在部分聋人中，手势汉语泛滥、手语不够规范。手势汉语是汉语的手势化，根据汉语的语法规则建构句子。中国手语（自然手语）是聋人使用的、有自己语法规则的一门自然语言。手势汉语和中国手语在构词和句法方面都有比较大的差异。

　　手势汉语的泛滥对聋人的负面影响是巨大的。首先，手势汉语使聋童没有一个完整的第一语言系统。其次，在沟通方面需要手语翻译服务的大多是手语水平高而汉语水平相对比较低的聋人或者老年聋人。这部分聋人恰恰不使用手势汉语。有些手语翻译学习的是按照汉语语序，以及构词部分人工化的手势汉语。翻译出来的手语聋人看不懂，而聋人打的自然手语，手语翻译看得又是一头雾水。在聋人高校中，还有部分聋人一直在普通学校读书，不会手语。

　　聋生的听力水平参差不齐，书面语水平参差不齐，口语和手语水平参差不齐。这使给聋生上课的教师，无论选择哪种沟通方式作为课堂教学的语言，都只能满足部分学生的需求。

参考文献

　　[1] 杨军辉，吴安安，郑璇，等. 中国手语入门 [M]. 郑州：郑州大学出版社，2014.

　　[2] 北京高校教授倡议残疾用语中性化_新闻中心_中国网（china.com.cn）[EB/OL][2017-05-21]. http://t.m.china.com.cn/convert/c-G52y DEOO.html.

　　[3] 中国残疾人联合会. 中国残疾人事业统计年鉴 2021 [M]. 北京：中国统计出版社，2021.

　　[4] 唐英. 听障四大家族 [EB/OL]. [2018-01-01]. http://www.cjrjob.cn/?viewnews-33786.

　　[5] 2010 年末全国残疾人总数及各类、不同残疾等级人数 [EB/OL]. (2012-06-26) [2018-01-01]. http://www.cdpf.org.cn/sjzx/cjrgk/201206/t20120626_

387581. shtml.

［6］张宁生. 听力障碍儿童心理与教育［M］. 郑州：郑州大学出版社，2018.

［7］陆峰. 二次听障的危害及解决方案［Z］. 第二届人工听觉植入峰会，2019.

［8］2020年中国聋协人工耳蜗植入者问题研讨会纪要［EB/OL］.［2020-06-23］. https：//www. sohu. com/a/403845546_701427.

［9］陆峰. 第三届人工耳蜗植入者论坛发言［EB/OL］.［2019-11-2］. https：//www. sohu. com/a/360162114_100117033.

［10］邢福义，汪国胜. 现代汉语［M］. 北京：高等教育出版社，2010.

［11］崔亚冲. 听障学生汉语"瑕疵句"表现及对策分析［J］. 现代特殊教育，2018（8）：50-54.

［12］雷江华，邓猛. 听觉障碍儿童融合教育语言教学模式论析［J］. 中国特殊教育，2007（2）：13-18.

［13］鲍文慧，肖秦. 聋人阅读知觉广度的研究现状与展望［J］. 现代特殊教育，2018（1）：54-56.

第二章

认识手语

2

第一节　关于手语[1]

对手语的认识，很多人都有一个曲折的过程。整个世界对手语的认识也是一样的。

一、什么是手语

在很长的一段时间内，人们认为手语就是比画，是简单的手势打手语交流是在打哑谜、表演哑剧，是在空气中画画。

后来，人们的认识有所发展，但是仍然认为手语是有声语言的附庸，不是一门独立的语言，是有声语言的手势符号化。最典型、最有代表性的是戴目的说法："中国手语是中国近代社会进步的产物，也是汉语的一种表达形式。现今国际上流行的手语有两种表达方式：一是手指语，二是手势语，中国手语也是如此。中国手指语以手指模仿汉语拼音字母的形状，依照汉语拼音字母的形状，依照汉语拼音字母方案达成普通话（字、词、句子）；中国手势语以手势动作，形象化地表达汉语的字意、词义和句子。无论是手指语还是手势语都是中国聋人学校赖以对聋哑儿童、少年进行教育、教学的工具；也是聋人社会进行社会交际和思想交流的手段。"[2]

除了像戴目这样明确指出手语是汉语的一种表现形式，还有一些研究者换一种比较模糊的表达方式来表达这个意思。比如"聋人手语是一种以手的动作，配合相应的表情、姿势来传递信息、表达思想的一种语言形式。相对于健听人使用的有声语言来说，聋人的手语是一种特殊的

---

[1] 吕会华. 中国手语语言学[M]. 北京：知识产权出版社，2019：17-36.
[2] 戴目. 现代汉语常用词手势图解[M]. 上海：上海教育出版社，2011：4.

语言、无声语言"❶，将聋人手语界定为一种特殊的语言。

随着现代语言学的发展和人们对手语研究的深入，中国手语研究者也在不断修正自己对手语的看法。越来越多的人认识到，手语不是有声语言的附庸，而是一门独立的自然语言。不同的手语之间存在差异，作为视觉语言的手语和有声语言虽然媒介不同，但也有很多共同之处。

手语，顾名思义，是指主要用双手在身体和空间位置上摆姿势、做动作，与面部表情结合，按照一定的规则组词造句，输出手势信息进行思想感情交流的语言，并且需要靠视觉感知，理解这些手势和表情结合所代表的意义，结合一定的语境，才能获取话语意义信息。❷

手语（sign）和手势（gesture）有区别。在《语言本能》一书中，作者讲了黑猩猩学手语的例子，这个故事也很好地说明了，很多人的心中没能很好地区分手势和手语。❸ 书里讲到了一位懂手语的聋人去观察黑猩猩手势的情况：

> 黑猩猩每做一个手势，我们都要在日志中把它记录下来……他们总是抱怨我没有记录下足够多的手势。所有听力正常的人都交出了长长的日志，里面包含大量的手势。他们看到的手势总是比我多……我观察得非常仔细，猩猩的手一直在不停地动。也许我忽略了什么，但我并不这样认为。我的确没有看到任何手势。听力正常的人把黑猩猩的每个动作都当成手势。每当黑猩猩把手指放进嘴里，他们就说："哦，它做的是'喝'的手势。"于是，他们就给它一些牛奶……当猩猩给自己瘙痒的时候，他们就把这个动作当成"瘙痒"的手势……当猩猩伸手去抓某个东西的时候，他们就说："哦，太神奇了！你看，这就是美国手语中的'给'。"但这其实不是。

---

❶ 赵锡安. 中国手语研究 [M]. 北京：华夏出版社，1999：40.
❷ 杨军辉，吴安安，郑璇，等. 中国手语入门 [M]. 郑州：郑州大学出版社，2014：2.
❸ 平克. 语言本能 [M]. 欧阳明亮，译. 杭州：浙江人民出版社，2015：356.

平克（Pinker）评论说："这些猩猩其实并没有学会美国手语。之所以有人会得出这个荒谬的结论，是因为他们将美国手语错误地理解为一套由手势、比画构成的简单系统。"事实上，手语"是一门完备的语言，它包含复杂的音系、词法和句法"。

二、手语和口语

根据手语的相关研究，梅尔（Meier）认为，手语不因语言媒介机制的不同而与口语现象大相径庭。梅尔提出手语与口语之间有六点相同之处。[1]

（1）不论口语或手语，都具有一套约定俗成的词汇（conventional vocabularies）系统，这套系统不论是词汇形式还是意义，都需要通过后天的学习才能成为学习者自身的词汇。

（2）具有意义的最小单位皆是由不具有意义且更小的成分组成的。

（3）口语及手语皆有创造性，能够应需求产生新的词汇。采用派生（derivational）、复合（combinations）及借词（borrowing）等方式产生新的词汇。

（4）在句法方面，不论口语或手语都有名词、动词和形容词等词类的区别。通过嵌入（embedding）的方式，自由产生关系从句（relative clause）和补语从句（complement clause），语序及与动词呼应的语法关系并不明显，拥有相对自由的语序及呼应关系。

（5）在儿童语言习得方面，手语和口语具有类似的时间表。

（6）根据大脑影像显示，口语与手语的发展区块均在左半脑。

同时，也应该看到手语和口语因沟通渠道不同，还存在着一些差异。桑德勒和利洛-马丁（Sandler & Lillo-Martin）总结了手语四个方面的独

---

[1] MEIER R P, CORMIER K, QUINTO-POZOS D. Modality and Structure in Signed and Spoken Languages[M]. Cambridge：Cambridge University Press，2002：1-26.

特性。

空间的使用：手语通过空间的使用来实现代名化（pronominalisation）、动词呼应（verb agreement）、类标记构成（classifier construction）及话语表征（discourse representation），包括对比对照的表达及间接引语的表达等。

同时性（simultaneity）：手语中双手手势和表情体态具有同步伴随的特点，而不像有声语言那样必须是线性的，即每个音的发出具有时间的先后顺序。

手语语法不同层面的像似性及理据性（role of iconicity and motivatedness）：正如有声语言发音机制符合人的发音器官的特点并遵循着省力原则，手语的语形构成、句法结构等也充分利用了手的关节构造特点、对形状的模仿能力及空间使用的优势。

手语较短的历史及语言接触（language contact）等社会因素对手语结构造成了特殊影响：手语是由于聋人开始聚集（如聋校的建立）才开始产生的，历史相对较短，因此语法的演变历史不长。而由于聋人生活在主流的有声语言社会中，与主流语言、地方手语的语言接触不可避免影响着手语的词汇和结构。

三、不同的手语

（一）自然手语和手势汉语

自然手语（natural sign language）是聋人使用的，有其自己语法规则的一门真正的自然语言。它是聋人的语言，独立于主流的有声语言，但会受到有声语言的影响。自然手语被一些人称为老手语。

手势汉语（signed chinese）是一种在口语语法基础上加上手语以配合口语操作的人工语言。它除了没有自然手语的语法规律，为了配合口

---

❶ SANDLER,LILLO-MARTIN. Sign Language and Linguistic Universals[M]. Cambridge:Cambridge University Press,2006:477-507.

语语言特征的要求，往往补上了不少的人工手势语。有人称其为文法手语，也有人称其为文字手语，即和汉字具有一一对应的关系，或者叫书面手语，与书面语相对应。

自然手语与手势汉语在构词及句法方面存在差异。

【例2-1】认识（手势汉语和自然手语构词方面的差异）

A. 认识（手势汉语）　　　　B. 认识（自然手语）

【例2-1】反映了手势汉语和自然手语构词方面的差异。A是手势汉语构词方式，与汉语字字对应，与音节呼应。B是自然手语的构词方式，有自己的构词规则。

【例2-2】很高兴认识你。（手势汉语）

[转写] 很　高兴　认识　你（手势汉语）
[翻译] 很高兴认识你。

【例2-3】很高兴认识你。（自然手语）

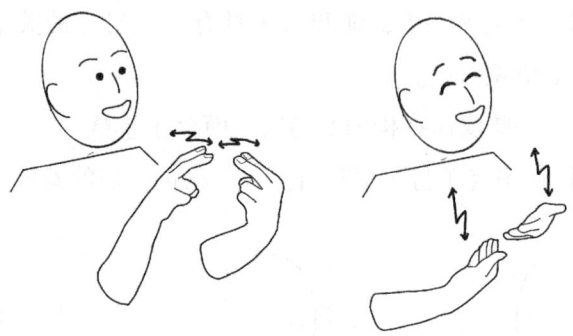

[转写] 认识 高兴（自然手语）

[翻译] 很高兴认识你。

【例2-2】【例2-3】反映了手势汉语和自然手语句法方面的差异。手势汉语和汉语的词语完全对应。自然手语有自己的语法规则。

（二）自然手语和地方手语

方言是民族语言的地方分支，是局部地区的人们使用的语言。方言和方言之间的差别主要在语音和词汇上，语法方面的差异比较小。中国手语也存在着地域差异。

【例2-4】妈妈

妈妈（上海手语）　　　　妈妈（北京手语）

老年聋人使用的"妈妈"的手势，北京和上海差异比较大。目前，随着社会的发展，绝大多数聋人都在使用上海手语的手势表达"妈妈"的意思。北京手语和上海手语中差别很大的词语只占很少一部分，大多手势相同或者只在手形、位置、朝向、非手控信息等某一项上有差异❶，如上海手语和北京手语的"监督"。

【例2-5】监督（上海手语、北京手语）

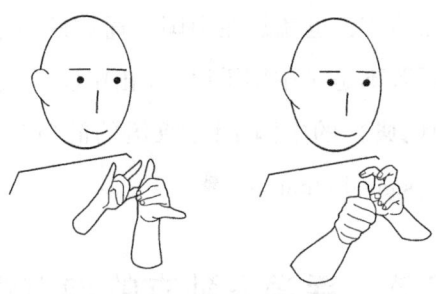

监督（上海手语）　　监督（北京手语）

从目前中国手语的发展情况看，在手语方言中也存在着自然手语和手势汉语之分。例如，有人使用北京手语的词汇，按照现代汉语的语法规则来打手语，就是北京手语版的手势汉语。所以说，地方手语也不一定就是自然手语。

方言和方言之间的差别主要在语音和词汇上，语法方面的差异比较小。大体上中国手语分为两个主要的方言区，南方方言区和北方方言区。在杨军辉等调查的15位成年聋人中，他们一般通晓南方手语和北方手语。中国手语方言的不同之处主要在概念表达方式上，句法方面大体一致。❷

（三）中国手语

中国手语的内涵和外延应该等于自然手语。美国手语对应的是美国的自然手语，英国手语对应的是英国的自然手语。手势英语、手势汉语，是对某种有声语言的手势化。

但是，如果通用手语选择手势汉语作为其规范的基础，那么中国手

---

❶ 倪兰. 中国手语动词研究［M］. 上海：上海大学出版社，2015：188.
❷ YANG J H, FISCHER S. Expressing negation in Chinese Sign Language［J］. Sign Language & Lingus，2002，5（2）：167-202（36）.

语不等于通用手语。中国手语实际上等于中国聋人使用的、有自己语法规范的自然手语。

中国手语（Chinese sign language，CSL）指中国聋人使用的、有自己语法体系的一种自然语言，也就是在中国所通称的自然手语（nature sign language）。中国手语既不是《中国手语》（由中国残疾人联合会组织编纂的手语/汉语对照的词典）的中国手语/汉语的简单对照，也不是将汉语手势化的手势汉语（signed chinese）。❶

第二节　手语是独立的自然语言

关于手语语言学地位的问题，学界一直争论不休。从传统意义上讲，语言是一种符号系统。从这个角度看，手语符合作为一门独立自然语言的要求。中国手语具有可学性、任意性、像似性、二重性及创造性等自然语言具有的特征。

一、手语符合跟所有语言相关的众多事实

在《语言引论》（An Introduction to Language）中，❷ 作者列举了13条所有语言都具有的特征。如果用这些条件去考量中国手语，中国手语也具备这些特征。下面我们根据这13条来逐一分析中国手语。

第1条，凡有人类生存的地方就有语言。

远离聋人群体的聋人，独自生活在听人中间，为了和周围的人沟通交流，会产生一些家庭手势。赵庆春《对19名农村新入学聋儿家庭交往

---

❶ 吕会华，高立群. 中国手语的关系从句［J］. 当代语言学，2011（2）：116-123.

❷ 佛罗姆金，罗德，海姆斯. 语言引论（第八版）［M］. 王大惟，等，译. 北京：北京大学出版社，2017：24-25.

及家庭手势的调查研究》表明❶，聋儿具有创造手势符号的能力。他们所创造的手势符号和中国手语比较，离群聋儿的自创手势是对生活经验的符号化，但他们的自创手势有局限性，抽象程度不高，是一种前手语（Pre-Sign Language）。❷ 从离群聋儿的手势可以看出，中国手语的构成不完全是任意性的。

也可以说，凡是有聋人聚集的地方，就会有手语。据《这里人人打手语：玛莎葡萄园的遗传性耳聋》（*Everyone Here Speak Sign Language*：*Hereditary Deafness on Martha's Vineyard*）介绍，美国马萨诸塞州外海的玛莎葡萄园岛，是耳聋高发地。在这个小岛上，人人都会用手语和聋人沟通。❸

尼加拉瓜以前没有聋校，聋人都分散居住在各地，有一些自创的家庭手势。后来聋童来到聋校，学校教他们西班牙语和读唇法。虽然学习西班牙语的成绩不佳，但是聋校给了聋童沟通交流的场所，很快发展出皮钦语，而后发展为克里奥尔语。令人惊讶的是，大孩子们混杂的手语传到更小的孩子以后，其复杂性更提高一个等级，有了动词呼应及其他一些语法习惯，最后发展成了尼加拉瓜手语。

第2条，"未开化"的语言是不存在的——所有的语言都同样复杂，都同样能表达任何概念。任何语言的词汇都可以扩大，增加表达新概念的新词。

语言没有高低之分。手语作为一个发展历史比较短的语言，有一些概念目前还没有恰当的表达方式，这也是可以理解的。随着新事物的诞生，随着聋人不断参与各种社会生活，都将产生适当的表达方式。目前，

---

❶ 赵庆春.对19名农村新入学聋儿家庭交往及家庭手势的调查研究[J].中国听力语言康复科学杂志，2006（6）：42-46.

❷ 赵庆春.沈玉林.离群聋儿自创手势与中国手语的比较研究[J].中国特殊教育，2006（6）：6-11.

❸ GROCE N E. Everyone Here Spoke Sign Language：Hereditary Deafness on Martha's Vineyard[M]Cambridge，Harvard University Press. 1985.

中国聋人接受高等教育，能选择的最多的专业是绘画类的专业，与之相关的手语词汇也很丰富。2003年"非典"来临的时候，网络还不像现在这么发达，但是，"非典"的手语表达方式很快就被确定下来，并在全国传播。

手语具有很强的像似性，所以很多人怀疑手语不能表达抽象的概念。郑璇的研究表明❶，中国手语通过下面三种方式来表达抽象概念。❷

自源手势：中国手语中存在大量自源性表达非视觉概念的词汇，即中国手语本身有约定俗成的已经固化成词的形式来表达这些概念。比喻和借代是表达抽象意义的两种主要手段。此外，还存在少数直接对内涵做出诠释性的手语词。

借用汉语：借用汉语成分来表达非视觉概念，如借助仿译汉语词、仿字书空、指拼等手段。

通过其他方式间接地表达这些概念，如用近义的具体概念代替，或对此词语含义做出解释等。

第3条，所有语言都随时间而演变。

吕叔湘在《语文常谈》中讲到，语汇和人们的生活联系最为紧密，因而变化最快、最显著。有些概念随着旧事物、旧概念的消失而消失。有些字眼随着新事物、新概念的出现而出现。外来事物带来了外来语，还有一些字眼的意思和以前不一样了。❸

手语也是一样。国家通用手语的出台也反映了语言随时间演变的情况。新版的《国家通用手语词典》和旧版的《中国手语》相比，删掉了一些目前不常用的词语，添加了一些新词语。❹

---

❶ 郑璇. 中国手语如何表达非视觉概念［M］. 北京：知识产权出版社，2011：81-267.

❷ 常仁. 中国手语表达抽象概念的三种方式［J］. 现代特殊教育，2010，（5）：43.

❸ 吕叔湘. 语文常谈［M］. 北京：三联书店，1980：82-87.

❹ 顾定倩. 我国通用手语的发展沿革（一）［J］. 现代特殊教育，2017（2）：22-23.

北京地方手语的"妈妈""姐姐"的表达方式，都和以前不一样了。

老年聋人使用配合口型的变化，分别表达"妈妈"和"姐姐"的意思。现在这个手势的汉语意思是"女"。"妈妈"和"姐姐"另有手势表达。

第4条，口语的语音和意义、手语的手势和意义之间的联系，大体上是任意的。

语言符号的任意性指语言符号的形式和意义之间没有自然的联系。换句话说，语言符号的任意性是指口头语言的音和义、手势语的手势（符号）和意义之间的联系，很大程度上是任意的。任意性问题是瑞士著名语言学家、现代语言学之父——索绪尔提出来的。这一说法对后世的语言学研究产生了巨大的影响。

相同的事物，不同的手语中手势不一样。在多国手语翻译通网站可以查到，相同事物，各国手语的不同表达。下例是中国手语的"水"和美国手语的"水"的手势。

【例2-6】

A. 中国手语"水"　　　　B. 美国手语"水"

同样，相同的音或者手势，在不同的语言中，代表的事物也有所不同。汉语的音 màn，是快慢的慢，英语中这个音是男人的意思。同样，一手伸大拇指的手势，在中国手语中是"好"的意思，而在日本手语中表达的意思是"男"。

【例2-7】

中国手语"好"，日本手语"男"

当然，除了不同以外，在世界语言中也有用相同的音或手势表达大致相同的事物的情况。比如，中国手语、俄罗斯手语、英国手语表达"什么"的意思。

【例2-8】什么（中国手语、俄罗斯手语、英国手语）

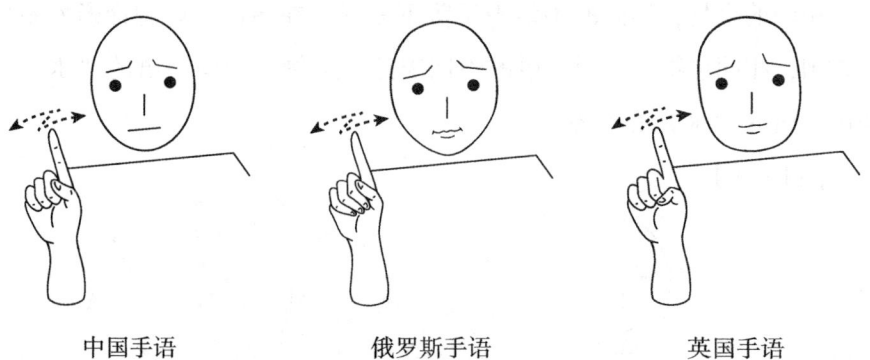

中国手语　　　　　　俄罗斯手语　　　　　　英国手语

除了不同的语言之间音义联系体现任意性以外，不同方言之间的差异也是语言符号任意性的表现。比如有统计表明，我国全国各地对妻子的称呼有99种之多。手语中同样存在这样的情况，中国手语的不同方言之间，对同一事物的表达方式也存在不同。比如上文提到的"妈妈"，上海手语和北京手语的表达方式不同。

语言符号的任意性原则，是指在能指和所指建立联系的初始阶段具有任意性。也就是说，在最初给事物命名的时候，我们可以将白菜命名为"黄瓜"，但是这种能指和所指的联系一旦建立起来，进入交际的领域以后，就是约定俗成的、不可更改的。

所谓约定性是指某个语音形式（手势）代表某个概念，开始的时候是任意的，一旦进入交际的领域，就会变成约定俗成的。

比如"白菜"，人们当初命名的时候，可以选择将其命名为"泥鳅""白菜""人"，等等。但是一旦确定这个事物的名称是"白菜"，就不能再随意改变。语言是最重要的交际工具，随意改变事物的名称，会严重影响交际的进行，加重交流的负担。

手语也是一样，一个事物的手语打法一旦确定后，就不能随意更改了。比如，目前我国正在大力推广国家通用手语，但在推广的过程中也遇到了一些困难。当有些通用手语的表达方式和地方手语有差别时，一是推广会有一定阻力，二是那些已经熟练掌握地方手语的人会觉得学起来难度比较大。

第5条，所有人类语言都利用数量有限的离散语音或手势，把它们组合成有意义的成分或词，再把成分或词组合成无限多的可能的句子。

被誉为美国手语语言学之父的斯多基（Stokoe）从语言学的角度确立了美国手语的语言地位。他证明手语和有声语言一样，也是可切分的，具有组合性。一个手势可以进一步分解为五个没有意义的对立参数：手形、位置、动作、朝向和非手控信息。每一个手势都是由这五部分组合而成的。手势再根据一定的规则组成手语句子，句子再组成篇章。

无论是有声语言还是作为视觉语言的手语，都是按照一定的规则，由底层到上层，一层一层构建的。

词语相对于句子是下层单位，句子作为词语的上层单位，是由下层单位——词语构成的。

手语也是一样的。几个词语的不同组合，可以构成不同的句子。

【例2-9】男　女　看

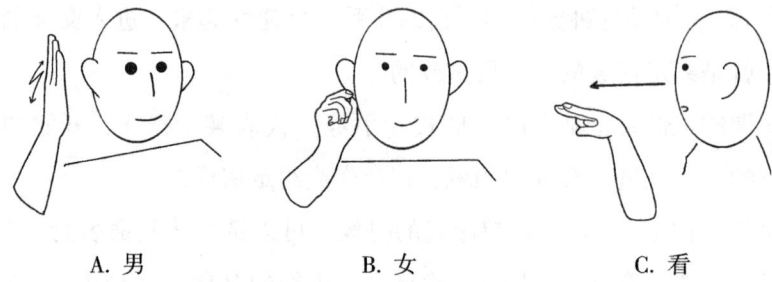

A. 男　　　　　　B. 女　　　　　　C. 看

这三个手势"男""女""看"进行组合，可以构成不同的句子。

【例2-10】男人看女人。

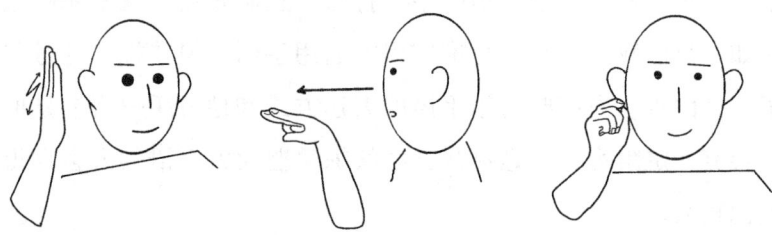

[转写] 男　看　女
[翻译] 男人看女人。

【例2-11】女人看男人

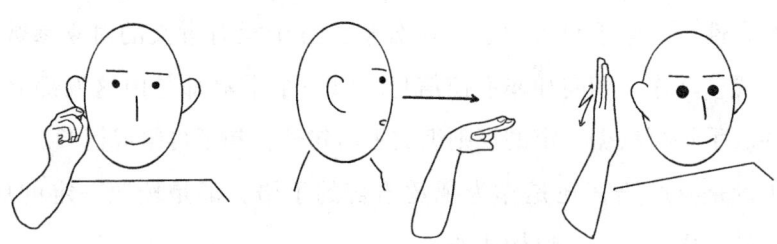

[转写] 女　看　男
[翻译] 女人看男人。

【例2-12】女人看男人

[转写] $\overline{\text{男}a}^{\text{点头}}$ 女b b看a

[翻译] 女人看男人。

【例2-13】男人看女人

[转写] $\overline{\text{女}a}^{\text{点头}}$ 男b b看a

[翻译] 男人看女人。

第6条，所有语法都包含一套类似的规则，用来构词造句。

关于中国手语是不是有语法规则的问题，目前已达成共识，中国手语有语法规则。

手语作为一门视觉模式的语言，其手势之间的排列不完全是线性的，有很多同时性的结构。这给确定手势的排列顺序带来了困难。以主语（subject）、谓语（predicate）、宾语（object）三者的关系为例，从线性的角度看，中国手语中存在着几种语序。

SVO 我 喜欢 猫
SOV 我 猫 喜欢
OSV 猫 我 喜欢

SVOV 我　喜欢　猫　喜欢

在具体使用手语的过程中，还会出现这样的顺序："喜欢　猫"。在这句中，主语"我"没有出现，手语者自己是句子的主语。

又如，"猫　我　喜欢"。宾语移位到句首。这时"猫"变成了这句话的话题。"猫"这个手势持续的时间，"猫"和"我"两个手势之间停顿的时间，都会比不在此位置时有所延长，甚至还会出现点头、眨眼等非手控标记伴随，以表示"猫"是此句的话题。

上述语序在中国手语中都是被允许的，但是 OSV（猫　我　喜欢）是最常用的。

手势之间除了线性排列以外，还有不少同时性结构。比如，带有类标记结构的句子，大都具有同时性的特征。

【例 2-14】把青蛙放到罐子里。

放-类标记六：青蛙
类标记杯：罐子

这就是一个同时性的结构，表达的意思：把青蛙放到罐子里。

中国手语的构词方法，有像有声语言一样的序列性构词，也有自己独有的同时性构词规则。

第 7 条，所有有声语言都包括离散的音段。如 p、n 或 a，它们都能用数量有限的语音属性或特征来界定。每一种有声语言都有一组元音和一组辅音。

如果用普通语言学的术语来描述手语的话，手语也包括离散的音段。手势是由数量有限的下层结构组合而成的。在手语的构成要素中，手形是有限的，运动方式也是有限的，位置和朝向及非手控都是有限的。

第8条，所有语言都有相似的语法范畴，如名词、动词。

中国手语中也有名词、动词和形容词等基本的词类。

第9条，每种语言都有普遍的语义特征，如衍推（从一个句子推断另一个句子的真值）。

两个句子如果互相衍推，它们就是同义句。在手语中也存在这样的句子。

第10条，每种语言都有特定的方式来表示否定、提问和命令，以及表示过去、将来，等等。

手语的疑问句有专门的疑问标记。

否定句有使用否定词否定的，也有用摇头等非手控辅助的。

中国手语和汉语一样，不是用词语的形态变化来表明过去、现在和未来，而是用词语来表示。

第11条，会说任何一种语言的人都有能力造出和理解无限多的句子。句法共相表明，每种语言都有构造如下句子的方式。

像镶嵌结构，这种结构的句子在中国手语中也存在，比如带有关系从句的句子。镶嵌结构体现了语言的递归性。一种语言的词汇和语法规则都是有限的，但是可以创造出无限的句子来。语言的二重性和递归性使语言变得具有无限变化的潜力。

第12条，人类习得、掌握和使用语言的能力是一种基于生物机制的能力，它根植于人脑的结构中，通过不同的形式（如口语或手势）得以表达。

第13条，任何正常的儿童，无论出生在何地，属于哪一种族，具有何种地理、社会和经济背景，都能学会一种所接触到的语言。

现有的研究表明，聋童习得手语的进程和普通儿童习得口语的进程是一致的，都会经历单词句、双词句、电报句等阶段。只要从小生活在手语环境中，就可以在自然的语言环境中习得手语。

二、手语的像似性[1]

手语还有一个和口语相比特别突出的特点：像似性。但是，像似性高，并不能抹杀手语作为一门语言的特性。因为无论是视觉语言还是有声语言，都具有一定的像似性特征。

像似，从字面看，是相似、相像的意思。语言符号的像似性是指感知到的现实的形式与语言成分及结构之间的相似性。换句话说，它是指语言的形式和内容（或者说语言符号的能指和所指）之间的联系有着非任意、有理据、可论证的一面。

像似性从广义讲是有理据的意思。在手语中有好多这样的手势，比如"床"的手势，"椅子"的手势，模仿的是它们的外形。下面的一些手势也是一样的，手势和其所代表的事物间具有像似性。

【例2-15】床　椅子　写　蹲　花

A. 床（手语）

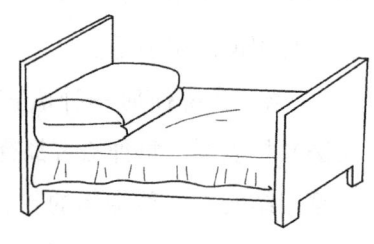
B. 床（实物图）

A. 椅子（手语）

B. 椅子（实物图）

---

[1] 吕会华. 中国手语语言学 [M]. 北京：知识产权出版社，2019：26-28.

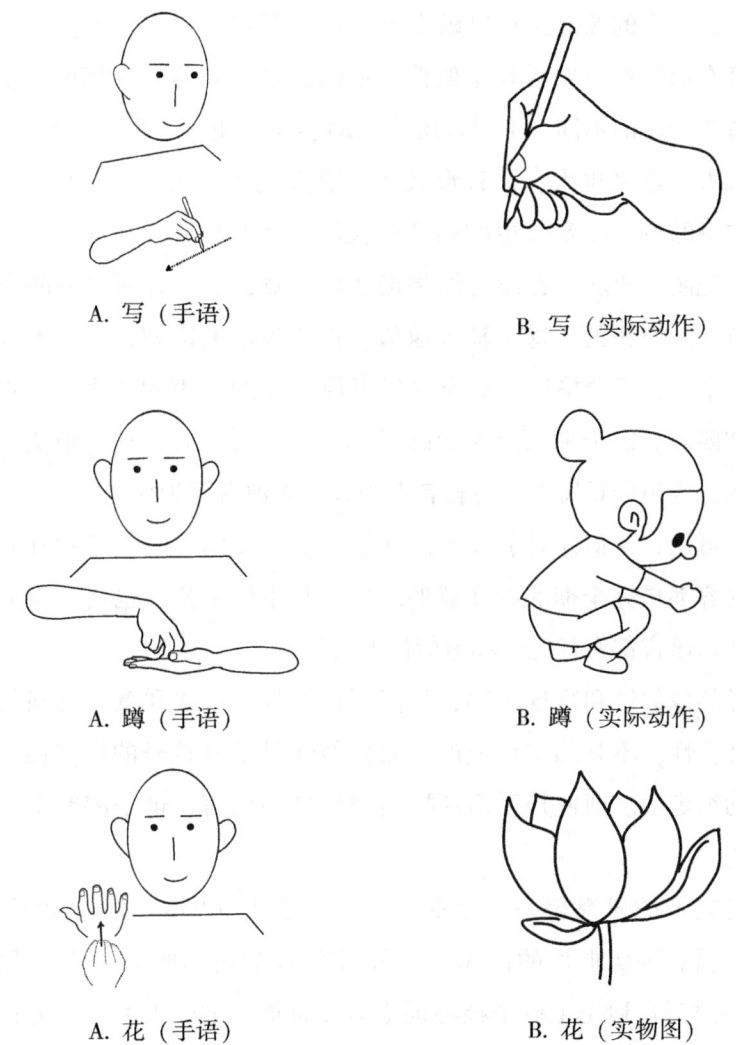

A. 写（手语）   B. 写（实际动作）

A. 蹲（手语）   B. 蹲（实际动作）

A. 花（手语）   B. 花（实物图）

  手语中有很多手势和所指事物具有像似性，以至于有人认为手语是在空气中画画。从索绪尔开始，认为任意性是语言的第一属性，像似性仅限于拟声词等小部分语言范畴。因此，手语的研究者担心承认在手语中存在像似性特征，等于承认手语不是类似于口语的真正的语言，因为口语更任意，所以想通过任意性证明自然手语是一门真正的语言，而不是在空气中画画。手语的像似性问题在一段时间里被掩盖了。

其实，语言的像似性在口语中也不仅只存在于拟声词上。在其他方面同样存在像似性，像语音像似性，不同音素不同的发音部位、发音方法，会造成音质的不同。不同音质给人的感受、使人产生的联想也不同。语音形式大，意义也大；语音形式小，意义也小。大、小、长、短，这些词语本身的意义和音节中的元音有关联。元音像似，如面、门等，发这些音，先闭合双唇，舌面与硬腭接触面很宽，这些音所代表的现实事物也是有一定面积的，这是辅音像似。再说汉语的声调，音的平仄和表意有关。平声，不严格讲，对应现代汉语声调的一声和二声；仄声，对应三声和四声。由于平仄给人的感觉不一样，所以有这样的说法：平声轻盈悠扬，仄声凝重短促。清轻者上为天，重浊者下为地。

由此可见，像似性对于口语，也是一个重要属性。不是所有的口语形式和内容都是完全彻底的任意的。口语和手语一样，也具有像似性的特征。任何语言都有任意性和像似性的特征。

符号的像似性和征候不同，征候不是符号，形式和意义之间的联系不具有社会性，不是约定俗成的。而像似性是语言符号的像似性，体现了语言的约定性。即使是手语这样高像似性的语言，也是需要学习才可以掌握的。

有研究者的研究表明，北京手语斯瓦迪士（Swadesh）100个核心词语中，具有强像似性的占36%，弱像似性的占60%。据此，我们曾用北京手语斯瓦迪士100个核心词语对北京地区的听人大学生进行看手语猜意思的调查。结果显示，没有学过手语的听人大学生，看手语，直接写出汉语词语的正确率为15.4%；看手语，然后从四个答案中选择一个正确答案，正确率是53.2%。由此可见，手语虽然是高像似性的语言，但是其作为一门独立的自然语言，也是需要艰苦的学习才可以掌握的。

第三节 手语和聋人成长

作为部分聋人第一语言的手语，在聋人的学习生活中占有重要的地位。

一、手语对聋人汉语学习的促进作用

一种语言对另一种语言的正迁移作用是不容忽视的。有些关于语言习得的研究认为，第一语言对第二语言所起的促进作用主要表现在：用第一语言学习所获得的背景知识，帮助对第二语言的理解。用获得第一语言时所学得的语言知识，帮助对第二语言语言知识的理解和掌握。对第一语言的"借用"，可以很好地在第二语言环境中完成交际任务，达到交际目的。

作为聋人第一语言的手语，对其第二语言——汉语的学习同样有上述促进作用。实践证明，聋童在全面进入听力语言康复阶段之前，或在康复过程中学习了手语，对其口语康复的效果没有影响。相反，聋童可以利用它们很容易习得的手语，认识世界、与人沟通，并使用手语这一媒介获取知识，促进其对世界的认知。通过学习手语获得的语言知识，可以为其今后的汉语学习打下基础。

二、手语是部分聋人的主要的学习语言

部分聋人手语是第一语言，汉语是其第二语言，所以汉语的读写能力弱，而手语的读写能力强。

在聋校，如果教师使用口语讲课，大多数学生不能听清、听懂，模模糊糊地听到的只是支离破碎的词语。要做到把这些词语连起来，进而理解意思，聋生迫切需要手语的支持。有一些词语的读音相似，观看口型会混淆意思。比如，"教师"和"老实"，读音相似，口型差不多。如

果在发音的同时加上手势,意思就清晰了。在这里,至少手语能够起到为教师口型补充意义的作用。

聋校的教学,迫切需要手语。因为汉语读写能力弱,造成了聋人不愿意阅读汉语的不良习惯,影响了聋人对文化知识的学习。他们迫切需要带有手语的视频资料供学习使用。

参考文献

[1] 吕会华. 中国手语语言学[M]. 北京:知识产权出版社,2019.

[2] 戴目. 现代汉语常用词手势图解[M]. 上海:上海教育出版社,2011.

[3] 赵锡安. 中国手语研究[M]. 北京:华夏出版社,1999.

[4] 平克. 语言本能[M]. 欧阳明亮,译. 杭州:浙江人民出版社,2015.

[5] 杨军辉,吴安安,郑璇,等. 中国手语入门[M]. 郑州:郑州大学出版社,2014.

[6] PINKER S. 欧阳明亮译,语言本能[M]. 杭州:浙江人民出版社,2015.

[7] MEIER R P,CORMIER K,QUINTO-POZOS D. Modality and Structure in Signed and Spoken Languages[M]. Cambridge:Cambridge University Press,2002.

[8] SANDLER,LILLO-MARTIN. Sign Language and Linguistic Universals[M]. Cambridge:Cambridge University Press,2006.

[9] 倪兰. 中国手语动词研究[M]. 上海:上海大学出版社,2015.

[10] YANG J H,FISCHER S. Expressing negation in Chinese Sign Language[J]. Sign Language & Lingus,2002,5(2):167-202(36).

[11] 吕会华,高立群. 中国手语的关系从句[J]. 当代语言学,2011(2):116-123.

[12] 佛罗姆金,罗德,海姆斯. 语言引论[M]. 王大惟,等,译. 8版. 北京:北京大学出版社,2017.

[13] 赵庆春,对19名农村新入学聋儿家庭交往及家庭手势的调查研究[J]. 中国听力语言康复科学杂志,2006(6):42-46.

[14] 赵庆春,沈玉林. 离群聋儿自创手势与中国手语的比较研究[J]. 中国特殊教育,2006(6):6-11.

［15］GROCE N E. Everyone Here Spoke Sign Language：Hereditary Deafness on Martha's Vineyard［M］Cambridge，Harvard University Press. 1985.

［16］郑璇. 中国手语如何表达非视觉概念［M］. 北京：知识产权出版社，2011.

［17］常仁. 中国手语表达抽象概念的三种方式［J］. 现代特殊教育，2010，（5）：43.

［18］吕叔湘. 语文常谈［M］. 北京：三联书店，1980.

［19］顾定倩. 我国通用手语的发展沿革（一）［J］. 现代特殊教育，2017（2）：22-23.

［20］吕会华. 中国手语语言学［M］. 北京：知识产权出版社，2019.

第三章 认识聋教育

第一节　聋人的教育安置方式[1]

案例一："你的孩子是先天性耳聋。"在听到医生这样的诊断时，从不轻易流泪的父亲流下了眼泪。这一年我五岁。之后，我戴上了助听器，在第一次听到了声音时，感觉很奇妙。进入小学后，在和小朋友相处玩耍中，我逐渐发觉了自己和大家不一样。上课时，教师通常都能关照到我的需求，总是把我安排在前排，讲课时也都尽量面对着我，让我能看清她的口型，还常常鼓励我举手发言。放学后妈妈辅导我写作业，对我要求很严格。我大部分课余时间仍然都是在学习中度过。其他小朋友都能在外面玩耍，而我却仍然要待在家里学习。我也曾感到困惑，感到不理解，就问妈妈："别人都可以在外面玩，为什么我就不可以呢？"妈妈说："因为你听力差，所以就要比别人付出更多的努力。这样，你才能不落在别人的后面。你并不比别人差，别人能做到的，你同样也可以做到。"她常常拿这些话来鼓励我，让我觉得自己是普通人，与其他人没什么不同。就这样，在和同学们一路打打闹闹的过程中，我度过了小学时光。然而到了初中阶段，教师们的语速越来越快，我来不及看懂他们在说什么。同时，到了这个阶段，妈妈的课后辅导能力开始显得很有限了。我只好自己来查阅辅导书进行自学。进入初三阶段，我实在是力不从心，课业成绩就慢慢地落了下来，心里也越来越急躁，常发脾气。父母怕我这样下去，最终心理会出问题，就把我转到了聋校去上高中。在聋校学习虽说是轻松一些，但是却觉得学不到什么东西。这儿的同学思维较狭窄，虽然已经读到了初中或高中，仍然幼稚得有点像个小学生。这让我

---

[1] 本节内容部分来自《融合教育，能否打破"隔离"那道墙》一文。该文为一篇调查报告。团队成员是特教学院的聋人大学生吴迪、臧晓宇、路文杰、袁生慧和指导教师是本书的第一作者。该项目获得了第十五届"挑战杯"国家级二等奖。

对特殊教育感到不满。在普校读书跟不上，可是到了聋校又不适合我，那么，我该怎么办呢？

案例二：刚一出生，一张"听力损失105分贝"的诊断书就把我和聋人这个身份画上了等号。六岁半时，父母把我送到了聋校。我学到的第一个词语、第一个手语，就是"教师"。把"好"的手势放在胸前，我看着教师用口型对我反反复复地说："我是教师，教……师……"刚上聋校的那段时间，我看到学校里师生都用手语交流感到非常好奇。这时，高年级的同学，他们作为大哥哥、大姐姐，很耐心、很认真地教我手语，这个东西用手语怎么说，那东西用手语怎么说……教师上课也全部使用手语，使用图片加手语来给我们解释生活中最常见的东西、最常见的现象。时光飞逝，现在，我已经是视觉传达设计大三的学生了。除了这个专业，我还攻读了第二学位——金融学。我是聋人当中的幸运儿，不仅摆脱了聋人不能听、不能说的困境，而且也摆脱了聋人无法和普通人融合的局面。

上面两位同学的经历，大致反映了目前聋人在大学前接受教育的方式。一种方式是以随班就读的方式在普通学校读书。有些同学后来上了普通大学，直到进入社会、参加工作，他们一直都在普通人的圈子里生活、学习和工作。有些同学在高中毕业以前的某个受教育阶段中途转学到特殊教育学校读书，再参加残疾人高等教育的单考单招，然后进入专门招收残疾人的高等学校读书。还有些同学在普通学校高中毕业之后，放弃普通高考，直接参加残疾人高等教育的单考单招，然后进入某特殊教育学院读书。另一种方式是一直都在特殊教育学校读书，在高中毕业后，参加残疾人高等教育的单考单招，然后进入专门招收残疾人大学生的特殊教育学院读书。

面对不同的教育安置方式，北京联合大学特殊教育学院的聋人大学生进行了自我反思和访谈。团队4名成员进行自我反思，先期对20名聋人大学生进行访谈。

被访谈的聋校生都是在上大学以前，一直在特殊教育学校读书的学生。这些学生认为，聋校教师教学水平一般，学习的内容比较浅，流于表面，不够深入，但是比较注重生活实用技能的培养。有些教师手语好，和学生沟通顺畅。但是有时候，新来的教师不会手语，也会给听力不好的聋人上课，学生接受起来困难很大。有些学校的管理方式简单粗暴，学生被关在学校里不能随意进出校门，再加上住宿的原因，较少和社会接触。学校内部附设的语言康复机构训练不够科学，效果差或者无效果。这类服务的覆盖范围也较小，只限于学前儿童，学龄期学生的语言训练需求得不到满足。聋校生建议，加强特教教师的教学管理，在手语水平上，新来的教师要达到能和聋人正常沟通的水平之后再进行授课。改变授课方式，多增加一些课外知识。语言康复的对象从学前儿童扩大至初中、高中学生，对所有的学生都要加强语言康复训练。

被访谈的转校生都是在上大学前的某个受教育阶段由普通学校转入特教学校的学生。这些学生认为，在普通学校随班就读的时候，随班就读班级的教师不会特别地关照班里的聋生，尤其到了高年级阶段，教师讲课语速快，普通话不太标准。普通学校以知识传授为主，教学内容比较多、难度大，聋生听不懂讲课内容，学习压力太大跟不上进度。学校有时会把聋生算作随班就读的学生，和其他学生区别管理。导致随班就读的学生与其他同学不那么亲密。普通学校没有附属的口语康复机构和师资力量。转校生们建议随班就读班级的教师要改变教学方式，要照顾到班内聋生的需求。教师们要提高普通话水平，控制讲话的语速，多多使用辅助设备，如语音识别软件。加强对随班就读学生的课业辅导，尤其要重视他们心理方面的问题。

无论是在聋校还是在普通学校，聋人对自己之前所受教育既有不满之处，也有肯定和赞赏的方面。

一、一直在普校读书（随班就读）

普校生是指一直在普通学校读书的同学，也就是所谓的随班就读的同学。他们对自己教育经历的评价是,普校的教学水平参差不齐,有高有低。普校的学习对聋人来说,难度很大,挑战性很强。从小学到大学不会手语,上课都要靠看板书和读唇语,师生之间沟通靠读唇语和笔谈,不方便。

我们曾经访谈过几位随班就读的聋人,他们普遍口语比较好,听力补偿的效果也比较好,但普校教师讲课时语速较快,他们很容易出现跟不上教师讲课节奏的现象。绝大部分学生在上课时都要靠观察教师的口型和看板书,学习起来有点吃力,因而产生对学习的消极态度,被沉重的学习负担压得喘不过气来。要想在普校坚持下来,只有通过自主学习。这时除了自身自律,来自家庭的支持也很重要。不少在普校读书的聋生家长处于全程或半程陪读的状态,这无疑也给家庭增加了巨大的负担。

在被进一步问到如果让他们在聋校和普校之间进行选择,他们将会如何选择时,他们中的大多数人都回答说,会继续选择在普校就读。他们认为,在普校读书可以学到更多的知识,能提高写作水平,能有比较高的理解能力;认为在普通学校读过书的,通常文化水平高,将来找工作比较容易。一直在聋校读书的聋生,受教内容简单,文化水平低,将来找工作比较困难。但是在普校读书也意味着孤立无援。为此我们也调查了他们对信息无障碍技术支持的需求。

不同学历水平的随班就读人群,对信息无障碍技术支持的需求不同。

研究生及以上学历的人员,他们希望学校提供的信息无障碍服务包括速录、语音转文字服务等。他们希望所有的教学视频都能够同时配有相应的字幕和文本资料。他们所需要的支持偏向文字支持,目前的访谈对象还没有人提出对手语翻译服务的需求。这可能和这部分人学历高,从小在聋校读书的手语使用者很少有关。

本科学历人员,他们希望无论是在普校还是在聋校,都能够学到更多的知识;希望能够锻炼自己的口语发音,减少沟通障碍,锻炼自己的独立性。他们对知识充满了渴望,希望通过各种渠道去学习文化知识。同时,他们对信息无障碍的需求比较多样化,既有需要文字支持的,也有需要手语支持的,也有个别同学认为口语就可以满足其需求。

专科及以下学历的人员,这部分人往往听力损失比较严重,学习基础比较差,尤其是汉语书面语水平低。他们有求知欲,但是障碍比较多。他们是最需要信息无障碍的群体,也是最需要手语支持的群体。

二、从普校转到聋校（转校生）

一些曾在普通学校就读的聋生,在随班就读的过程中产生了严重的自卑心理,和普通人沟通的时候,压力大,有恐惧感,感觉和普通人隔着一道墙。上课吃力,而很多知识靠自学又很难学会,导致学习压力大。心理和学业的双重压力迫使他们最后转入聋校学习。

转入聋校以后,他们在思维上和一直在聋校读书的同学不在一个层面。虽然同为聋人,但彼此交心比较难,有时也会受到一直在聋校读书的同学的排挤。很多从普通学校转到聋校的聋人因为"不会手语"却"会说话"而不能参与同学之间的交流,与一直在聋校打手语的同学也有交流障碍。当然,这种隔阂可以随着时间的推移在日常相处中逐渐消除,与在普通学校所感受的压抑不一样。

普通学校和聋校的隔离造成了很多的矛盾和误解,即使是从普通学校转入聋校的聋人,也可能会感到孤独。聋校的聋人认为他们是普通人,不是聋人,这使从普通学校转入的聋人和一直在聋校里学习的聋人之间产生一些心理隔阂。由于受教育环境不同,两类聋人完全融合存在一定困难。

这种转来转去的方式也让有些聋生无所适从。有一位同学说,他在聋校读了一年级、二年级,然后转到普通学校留了级,重新上的是学前班、一年级。后来又转回原聋校,重新开始读一年级。连转三次,四年之后仍然读一年级。这种转学之痛,只有亲身经历的人才能体会,痛在心底，伴随其一生。

转校生到聋校以后，会觉得聋校的课目特别少，一周七八节语文、数学课，五六节英语课。课表只有这三门课，没有其他课程。这就使很多同学丧失了学习热情。有的聋校教师教课不认真，只是应付学生，而不是引导和鼓励学生深入钻研。有学生指出，有的教师教学没有耐心。如果学生提问次数多了，教师就会厌烦，导致学生们不敢再提问，遇到不懂的地方，只能糊里糊涂，不了了之。

还有一个方面让学生特别不理解，就是聋校过度重视职业培训。这些同学觉得在聋校上学和以前在普通学校接受的教育完全不同，他们甚至觉得聋校像职业学校。在聋校，对学习不好的孩子，教师会建议他们进入职业班学习，学习烹饪、缝纫等技能，毕业以后直接出去找工作。就这一点而言，家长们把孩子送来的原因是"为了给孩子留后路"。若是考上了大学，那挺好的；考不上，也没关系，毕业以后出去找工作就可以了。

从学校的角度看，学校的这种做法并不是全无道理。毕竟不是所有人都能上大学，都愿意读大学，那些没有考上大学的聋人会由于自身残疾且没有其他技能而难以就业，而职业培训会使他们具备谋生的一技之长。

但是聋校的职业教育和普通技工学校相比还是存在着一定的差距，在同样的条件下，有些用人单位更愿意招收普通人，即使有愿意接收聋人的单位，也做不到和普通人同工同酬，所给薪酬少得可怜，聋人不能靠自己的劳动自食其力。而且由于聋人没有良好的文化基础，他们在今后的职业发展中往往后劲不足。

三、一直在特殊教育学校读书

一直在特殊教育学校读书的同学，一旦接触了转校生，他们的想法就会发生一些变化。有些同学说："在聋校的那些年，就是在玩儿，一路玩儿到毕业。"一直在聋校读书的同学，他们看不到学校以外的世界，不知道自己和别人有什么不同。尤其是小学阶段的聋人，觉得自己和普通学生一样上课、玩游戏、聊天，没有什么不一样。但是，一旦班里有普通学校读书的聋人转入，他们固有的世界就会被打破。双方都会觉得，为什么我们的看法如此不一样？

长期隔离，使聋人不能适应社会。聋人长期在封闭的聋校的环境生活，和普通人的思维有可能脱节，因而无法了解，也不知道怎样与普通人沟通合作，最后只能在聋人这个小圈子里打转。

一直在聋校读书的学生表示，他们很希望能和更多的普通人沟通，也很希望能有机会和他们一起上课。但是由于不了解对方，害怕与普通人打交道等，他们始终不敢踏出那一步。他们虽然没有转学之痛，但是希望能与普通人一起生活学习的愿望也可能无法实现。

他们长期生活在封闭的聋校中，等进入社会之后，就很难适应社会生活。有很多聋人觉得社会和自己的聋校一样，然而走出校门进入社会后，工作和生活的圈子里大多是普通人，他们对社会上的普通人了解不多，因此感到非常压抑。这时如果他们偶尔碰见一个聋人，就会感到自己找到了知音。在现今，聋人骗聋人的事件时有发生。在这类事件中，暂且不说骗子多可恨，盲目信任是促使这类事件发生的一个因素。新闻也曾报道聋人因为不堪忍受孤独宁愿离家参与非法团伙的事件。❶

在我们访谈的聋人大学生中，虽然没有发生过新闻报道中的情况，但是每到寒暑假，都有学生迟迟不愿离校回家，总是想在学校里多拖一天是一天。其中的一部分原因就是回到家里，他们没有安全感。我们常常说家是每个人的心灵港湾，但这是建立在家人之间互相给予安全感的基础上的。调查中发现，大部分学生的父母都不会手语，彼此交流起来困难重重。用笔谈的形式交流也是可以的，但是大部分聋人大学生不知

---

❶ 聋人被洗脑后扎堆犯罪．专家：融入社会是关键[EB/OL]．[2013-04-07]．
http://news.xinhuanet.com/legal/2013-04/07/c_115287279_2.htm.

道怎么用文字来表达自己内心的感受。他们在学校和自己的好友在一起，用手语可以毫无障碍地表达自己的内心想法。而回到家以后，没有人可以和他们用手语进行沟通交流，所以他们就会产生孤独感，缺乏安全感。

聋人与听人的长期隔离，导致听人同样也不了解聋人。他们接触不到聋人，不了解聋人。有的听人往往会凭借表面的现象和本能，就认为聋人"可怜""低能"，所以偶尔有聋生在普通环境中取得一点成绩，就会被大肆宣传，被定义为"奇迹"，被贴上"残疾人偶像"的标签。❶

有一个被访谈的同学就谈到，在她家的那个小区，只有她一个正在上大学的聋人，整个小区的人几乎都认识她。有些家长还会把她作为楷模来教育自己的孩子。但是她本人觉得自己就是普通人，并不是什么"英雄模范"。

大多数在普通学校就读的聋人都说，父母把他们送到普通学校上学，是因为担心他们在聋校里会逐渐失去口语能力，最终只能用手语和人沟通交流。其实所谓的不能听、不能说，和在哪里读书没有太大关系。进入普通学校不会说话、说话不清楚的聋人大有人在。我们不能说，是因为进了聋校，所以不会说话了，而应该说，是因为说得不好，不能在普通学校读书，所以去了聋校。不能把因果关系弄反了。这不是聋校教育失败的案例，恰恰相反，聋校的语言康复训练可以帮助他们恢复一部分丧失的口语能力。手语能帮助聋人提高认知能力，帮助他们提高理解水平，促进语言的发展，进而帮助口语的形成。所以说聋校是有其存在价值的。

以前，有很多普通学校拒绝聋人入学。他们觉得聋人在普通学校学习，由于听不到会跟不上课程进度。所以，聋人很难到普通学校就读，就此生活在社会的边缘。聋校给了聋人一丝读书的希望，这恰恰是最初聋校存在的意义。

---

❶ 赵斌，王琳琳. 论特殊教育从人文关怀到行动支持走向 [J]. 中国特殊教育，2013（1）：3-7.

目前，随班就读的安置方式，弥补了很多聋校教育的不足之处，很多家长更愿意让孩子到普通学校就读。那么为什么聋校依然存在而没有消失呢？

从聋人的听力及口语康复情况来看，有的聋人在变聋的时候，父母没有意识到应当让他们学习说话，觉得聋人本身就不会说话。这样的聋人进入普通学校会因为自身听力和言语能力的不足，出现自卑甚至跟不上学习进度的情况。从我们统计的访谈对象的基本情况也可以看出，在转校生中，有70%的人都接受过口语康复训练，而聋校生只占20%。全聋且没有口语能力的聋人很难适应普通学校。

对于一些听力损失比较严重的聋人，助听器或者人工耳蜗的技术补偿作用不显著。有些聋人，即使戴上辅助设备，在听力识别上也无法完全分辨对方说的话，自己也不能发音说话。这类学生在普通学校基本上是很难适应的。而在聋校，教师大多使用手语进行教学，这就使这些学生找到了适合自己学习和生活的地方。聋校的教师基本都有教授聋人的经验，可以给聋人更好的心理辅导，帮助聋人更好地实现自我发展。

同时，聋校开设了语言康复班。和校外的语言康复机构不同，聋校的语言康复一般都不收费，这样就大大减轻了贫困家庭的负担。

四、残疾人高等院校专业选择的困境

目前，各单独招收残疾人的高校设置的主要专业有视觉传达设计、计算机科学与技术。有限的几个专业，使聋生无从选择。有一位同学谈到，他在中等教育阶段一直以文科见长，但是画画不行。最后他不得不报考了计算机科学与技术专业。教师开学第一天问他："喜欢这个专业吗？"他回答："不喜欢。"问："为什么报考这个专业？"答："因为没有其他选择。"学生中有不少人都是因为没有选择，最后才不得不学习自己不感兴趣，甚至学习起来很困难的专业。

特教学院的学生毕业以后，就业面也很窄，大多都仅限于"计算机"

"绘画""手语"等这几个方面。从专业对口的角度来讲,毕业以后继续在计算机和设计领域从事相关工作的学生也不多。相反,如果能够进入普通大学学习,那么专业方面可选择的余地就大得多了。

五、融合教育

在聋校上学和普通学校进行随班就读都有一个缺点,就是这两种学校都无法满足聋人全方位的需求。如一些聋校不能完全满足聋人的社交和获取更多知识的需求,而普通学校往往对随班就读的学生的心理状态关注的不够,那么这两种教育方式到底能不能融合呢?答案是肯定的。国内外很多成功的案例告诉我们,这两种教育方式不是平行线,而是交叉线。

(一)随班就读和融合教育

随班就读在中国曾被误认为就是融合教育。参考国际惯例,真正随班就读的教育形式是全纳教育。比如说,课堂上有特教专业教师辅助上课,心理专家及时进行心理疏导等,聋生能在普通学校更好地学习和生活,他们和普通生在学习和沟通上是平等的,没有太多的隔阂。[1] 而在我国的很多学校里,聋人和普通学生虽然同在一个班级里学习,但是在学习过程中并没有针对性的支持系统,以针对聋生存在的问题进行补救。比如说,上课跟不上、很多内容没能理解、没有辅助设施(手语翻译、语音转换文字等)支持。因此,聋人所接受的教育内容虽然表面上看和普通学生一样,但是聋生并没有真正消化吸收这些知识。他们学到的知识只是"堆"在那里,而没有变成自己的东西。此外,由于身体和心理上和普通人存在的差异,他们并没有真正融入普通的教育之中,这就产生了隔阂,无法打破,存在着被他人排斥和歧视的现象,所以不能说是真正意义上的融合教育。

---

[1] 邓慧兰. 聋童语言获得与手语双语共融教育:语言科学研究之知识转移[J]. 语言与科学, 2014 (1): 24-34.

那什么是真正的融合教育呢？许家成教授认为：融合教育主张的是一种没有分类、没有排斥、没有歧视的教育理念。1994年6月，联合国教科文组织在"世界特殊教育大会"上通过了《萨拉曼卡宣言》，明确提出："教育要满足所有儿童的需要，在一切可能的情况下，不论有无或者有何种困难和差异，所有的儿童都应当一起学习。"❶

融合教育提倡"零拒绝"，要让一些特殊儿童也可以顺利地在普通学校上学，和普通学生共同学习。融合教育不仅是指某种特殊的教育安置形式和策略，而且也包括能促进普通儿童和特殊需要儿童共同发展的教育思想。融合教育强调为有身心障碍的儿童提供正常化的教育环境，在普通班中提供所有的特殊教育和相关的服务措施，使特殊教育和普通教育融为一体。❷融合教育采取的授课方式大多都是个性化授课方式，针对每个人的不同情况因材施教，采用适合的教学措施。融合教育主张让聋人成为普通人，打消对聋人这个身份的歧视。聋人和普通人其实是一样的，只是群族不同，聋人拥有自己的语言和文化，在学习和生活方面都和普通人一样。❸

融合教育最终的目标是促进社会的融合，是改变普通人的眼光，争取他们的支持，改变残疾人的社会地位，帮助残疾人更好地融入社会、适应社会。

（二）融合教育成功的保障——法律

意大利、美国融合教育之所以能够成功❹，都和相关法律不断健全发展有着密切的关系。它们都经历了一个推动残疾人平等接受教育的立法

---

❶ 救助儿童会. 为什么说新版《残疾人教育条例》关乎每一位孩子的受教育权[EB/OL]. [2017-05-04]. 救助儿童会微信公众号.

❷ 周满生. 关于"融合教育"的几点思考[J]. 教育研究, 2014 (2): 151-153.

❸ 景时. 中国式融合教育：随班就读的文化阐释与批判[D]. 华中师范大学, 2013.

❹ 五国融合教育概要资料[EB/OL]. [2017-06-02]. https://site.douban.com/138021/widget/notes/6296633/note/206566512/.

过程，通过法律来保证每个残疾人都有平等地接受教育的权利。

可喜的是，2017年1月11日，国务院第161次常务会议修订通过了《残疾人教育条例》，自2017年5月1日起施行。自此之后，中国加快向融合教育（全纳教育）推进。为了让残疾学生可以顺利地融进普通班级的课堂，中国还为所有的孩子设计适合其自身需要的课程，在教学课程中建立一些新的教育机制，如个性化教育、差异化学习和社区辅导等不同的形式，更好地让残障孩子能够和普通孩子一样接受完善的教育。❶

（三）聋人希望的融合教育

经过大量的访谈，我们发现聋人对融合教育有憧憬，他们希望能够获得优质的学前教育和全方位支持的学校教育的融合教育。

1. 优质的学前教育

第一，口语康复。一提到聋人，大家首先想到的就是"聋哑人"。不管是先天性的耳聋，还是由后天因素引起的耳聋，由于长期听不到声音，都会影响到有声语言的学习。大部分聋人的发音器官是完好的，并没有受到什么损伤，因而完全可以通过听力语言康复训练的方法，学会有声语言的口语。在以往的教育中，语言康复主要针对的是0~6岁的儿童。传统教学形式都是教师灌输，孩子被迫接受，所以很多孩子把参加语言训练当作一种负担，痛苦万分。过了这个年龄段就没有人强迫他们练习口语了，而且他们自己也并没有养成长期训练的良好习惯，结果有些经过语言训练的孩子随着年龄的增长，口语能力又逐渐退化了。

我们认为发展融合教育也不能一刀切。从访谈结果可以看出，口语康复的情况、听力补偿的效果及心理归属等因素都对聋生能不能坚持在普通学校继续读书具有很大的影响。在我国目前的条件下，手语在学校教育中还没有得到应有的重视，所以聋生的汉语口语和书面语能力成为他们能不能在普通学校生存的一个重要因素。因此，语言康复的重要性

---

❶ 救助儿童会. 为什么说新版《残疾人教育条例》关乎每一位孩子的受教育权［EB/OL］.［2017-05-04］. 救助儿童会微信公众号.

不容置疑。我们应当对符合语言康复条件的聋童实行医教结合。[1] 帮助他们长期地进行语言训练，提高他们的口语能力。

经过言语康复训练，大部分的聋生都可以有一段时间在普通学校读书。根据我们的调查，这部分同学的最后走向大致上可以分为三类：

第一类是学业压力导致转学。他们承受不了普通学校的学习压力，不适应普通学校的学习生活。

第二类是心理原因导致转学。在普通学校里人际沟通能力不足，心理素质不合格，阻碍了他们各方面的发展。

第三类是坚持在普通学校继续学习。

为什么经过语言康复的部分聋生仍然不能在普通学校生存呢？我们认为，主要原因是康复训练只是帮助他们训练了口语，而不是全方位地发展训练。每个人的情况不同，不是所有人都能获得最佳的康复效果，但是为此每个人却都付出了大量的时间和精力，影响了对认知能力的培养。再加上有些家长不允许孩子学习手语，在口语康复效果不佳的情况下，语言输入匮乏，沟通能力差，不能很好地和周围的人进行沟通。康复，不仅是身体的康复，还应当有心理的康复。其最终的目的不仅是让聋人学会说话，而且还应教会他们如何走进普通学生的圈子里，与他们交流来往。

语言康复是主要针对儿童时期的聋人缺失的语言能力的一种补救措施，超过这个年龄段的聋人大多都中断了口语康复训练。而且由于大多数聋人的家庭条件并不是很好，付不起昂贵的语言康复费用，并不是所有的儿童都能接受到专业的语言康复训练。即使进行了语言康复训练，聋人能恢复的言语水平也很有限。有的聋人无论怎么进行康复训练，也都无法达到能和听人进行正常沟通的水平。我们对某聋校进行的调查发现，在一个班级的十几个学生之中，康复效果较好的聋生也仅有两三个，

---

[1] 傅王倩. 医教结合：现阶段我国特殊教育发展的必然选择 [J]. 中国特殊教育，2013（7）：3-7.

而大多数的聋生仍然发音模糊或者不能发音。

第二，手语学习。针对语言康复中存在的各种问题，破解之道就是让聋童在接受口语康复训练的同时也学习手语。目前，有部分聋童的家长反对孩子学习手语，严格地要求孩子学习发声说话，希望孩子可以摆脱聋人的标签，像普通人那样生活和学习。我们并不反对家长要求孩子通过学习发声说话这种方式来进行语言康复，但是我们认为不应当禁止孩子学习手语。手语能对聋童的语言训练起到很好的促进作用，帮助聋童认识世界，提高认知能力。而且手语可以帮助聋人消除孤立感，增加聋人的归属感。学习手语和学习发声说话并不矛盾，会手语意味着你可以更容易地受到聋人群体的认可。此外，把手语作为第一语言学习还有助于促进汉语（口语和书面语）作为第二语言的学习和发展。❶

目前，社会仍然没有完全消除对于手语的歧视。有些家长仍然这样对孩子说："学了手语就不会说话了。"这样做容易在孩子的心里留下很深的阴影。在我们调查的这些曾经在普校上过学的学生中，有一部分学生声称家长曾经同他们说过这样的话。因而有些学生感到不解："我明明不是普通人，但是我又不是聋人，我不会手语啊！"结果就是，他们对于自己的身份感到迷茫。

近年来，科技有了很大的发展。助听器和人工耳蜗等帮助很多聋人听到了声音。大多数有听力障碍的人以为在戴上助听设备之后，自己就可以正常地去听了，于是就选择到普通学校就读，但是事实上，在普校就读的过程中仍然困难重重。这就说明，戴上助听器设备并不等于可以完全地听到声音，如果看不懂口语，又不会手语，那么就容易错过学习语言的黄金时期。

第三，认知的发展。在过去，一些孩子听力受损后，父母第一反应就是带着他们四处求"医"，而无暇教给孩子一些最基本的知识，结果孩

---

❶ 郭俊峰. 手势和手语在聋儿听力语言康复中的作用 [J]. 中国听力语言康复科学杂志，2004（9）：51-52.

子们没有获得在童年阶段应该拥有的东西。很多聋人基本上都是在语言康复中心度过了童年时期。一些父母认为，孩子已经聋了，不能再让他哑了。还有一些聋人是被父母"放养"长大的，这儿所说的"放养"不是指父母对孩子物质生活的不管不问，而是指父母忽视了孩子心智方面的关照和言语能力的培养。结果，孩子虽然能看到事物，但却无法知道看到的画面的含义。他的脑海里只有这些画面，却没有办法把这些画面同事物连接起来，耽误了聋儿的认知发展。到了上学的年龄，这些孩子的认知水平基本上都低于普通小孩。

父母需要在这方面多下一些功夫，让孩子把手势和事物连接起来，让孩子利用自己的眼睛来分辨事物。这也是最重要的一点，就是让他去学习手语，手语是属于他自己的语言。运用手语培养孩子，效果要比父母费尽口舌使用口语教育他要好得多。小孩子的模仿能力很强，即使是刚出生的小孩子，看到父母伸出手来，也能意识到他们想要抱抱他，这是典型的手势认知❶。手势可以说是一种简单的手语。对于聋童来说，利用手传达信息对于他日后的认知能力会有很大的帮助。正如前文所述，手语是聋人的文化，是一种精神的象征，但更是一种可以提高聋童认知能力的工具。

让聋童享受优质的学前教育是我们的一个希望，事实上，在世界很多地方，这样的实践和探索也一直在进行。通过查阅相关的文献，我们发现，在融合教育幼儿方面，在国内外都有一些成功的案例。比如，香港中文大学的手语汉语双语教育实验，❷ 厦门心欣幼儿园残健融合的实

---

❶ 陈桦，顾琰，等. 手势与言语的关系论［J］. 上海外国语大学学报，2013（9）：50-58.

❷ 邓慧兰. 聋童语言获得与手语双语共融教育：语言科学研究之知识转移［J］. 语言与科学，2014（1）：24-34.

践，❶ 天津红星小学,❷ 等等。星星之火，可以燎原。我们相信聋童接受优质学前融合教育的美好明天即将来临。

2. 全方位支持的学校教育

聋人父母最担心的事情就是，在普通学校，孩子能不能跟得上课，会不会受到欺负。这正是一些家长宁愿把孩子送到聋校上学的一个原因。虽然大多数家长都愿意把孩子送到普通学校上学，但是这样的担心并没有完全消除。

在学业方面，教室里的课桌可以设计成可以容纳四到六人的方形桌，让同学围桌就座，以方便同学们沟通和学习。尽量把聋人学生安排在教室的前三排，让他们在上课时能够看清教师的口型。讲课语速要慢一些，而且口型要做得夸张点，让聋人可以看清教师说的"话"，让他们能够更容易地跟上教师的讲课进度。

教师要改变教学方式，使用通俗的语言讲解课程内容，这样，学生才能够更容易理解。如果有不会说话但有手语基础的同学在堂学习，可以考虑配备一位辅助教师，给他们做手语翻译，或者让同学帮忙记录课堂笔记，供聋生查看。

设立一个资源教室。如果有在课堂上没有理解的东西，聋人可以到资源教室里找资源教师再进行专门辅导，帮助及时地解答他们不明白的问题。言语能力不够完善的聋人也可以在资源教室进行言语矫正的训练。

在心理方面，与普通学生交流沟通不畅可能会给聋生带来一系列的问题，加重聋生的自卑心理，进而导致聋生学业退步、跟不上教师讲课进度、与同学的关系变差等。如果不及时解决，甚至可能会引发极端事件。班主任和心理教师都应该敏锐地关注和发现此类问题，及时地对学

---

❶ 心欣幼儿园"残健融合教育"促进"特殊孩子"康复[EB/OL].[2016-06-06].http://www.xmnn.cn/dzbk/xmwb/20160606/201606/t20160606_4902350.htm.

❷ 肖艳新. 全纳教育理念指导下的聋人研究［D］. 东北师范大学硕士论文，2010.

生进行心理辅导。学校应多举办一些能增进普通学生与聋人友谊的活动，给他们制造一些互相了解的机会。同样，教师也要多鼓励学生与普通学生交往，让他们意识到除了听力差，自己在其他方面和普通学生并没什么不同。❶

第二节 大差异班级的挑战

无论是普通人的班级，还是由聋生单独组建的特殊教育班级或者是融合班级，都存在着大差异的问题。

在一个班级里，如果除了普通学生之外，还有一两个或几个视力障碍、听力障碍、智力落后（低能）、肢体残疾、多重残疾、学习困难、情绪障碍、孤独症或智力超常（高智能）、专项特长的学生，我们就称这样的班级为大差异班级。此外，除了特殊学生和普通学生之间有差异之外，我们还应注意到，在同一个班级里，普通学生之间也同样存在差异，不同种族、不同民族学生之间同样也存在多文化的差异。我们把这样的班级称为广义的大差异班级。❷

在实施残疾人高等教育的高校聋生班级中，虽然班级里都是聋生，但是因为听力损失程度、补偿效果、听力损失时间、康复时间以及康复效果、受教育背景、语言习得的环境等因素的影响，聋生群体的异质性非常强，是广义的大差异班级。

从听力和沟通语言掌握的角度来看，即使是同一个特殊教育学院同一个班级中的学生情况也各不相同。下面是我们对于某个特殊教育学院某个班级的同学进行调查的结果。

A：听力损失程度轻，戴上助听器以后，听普通人说话无障碍。口语

---

❶ 姚勤敏，邓慧兰. 聋健学生的社会融合 [J]. 现代特殊教育，2014 (10): 14.

❷ 覃海琪. 大差异班级教育的基本理论与模式研究 [J]. 中国特殊教育：2001 (4) 11-15.

清晰。进入特殊教育学院之前一直在普通学校读书,没有接触过聋人,不会手语,汉语书面语水平比较高。

B:听力损失程度较轻,戴上助听器以后,听普通人说话无障碍。口语清晰。高中之前一直在普通学校读书,高中转到聋校读书,可以打手势汉语。汉语书面语水平比较高。

C:听力损失中等,说话不清晰,读唇能力比较强。进入特教学院学习之前一直都在普通学校读书,不会手语。汉语书面语水平一般。

D:9岁耳聋之后转入聋校读书,听力损失中等。口语比较清晰。目前以手势汉语为主,在中学读书的时候,会中国手语(自然手语),所以看中国手语没问题。汉语书面语水平比较高。

E:口语和听力都比较弱,一直在聋校读书。中国手语表达生动准确。汉语书面语水平比较低。

F:配装人工耳蜗,听力和口语都比较好,曾在普通学校读书,后转聋校。手语水平也可以。自述阅读汉语书面语有困难,听教师讲话更容易明白意思。

G:听力和口语都比较弱,一直聋校读书,手语和汉语书面语水平都比较高。

H:听力和口语都比较弱,一直在聋校读书,手语水平比较高,汉语水平一般。

J:听力和口语都比较弱,基本没有口语能力,手语水平比较高,汉语水平一般。

K:听力和口语都比较弱,基本没有口语能力,手语水平一般,汉语水平一般。

…… ……

聋人教育的服务对象主要包括两类人群:一类是通过佩戴人工耳蜗和助听器进行听觉补偿,然后学习口语交流的聋人。另一类是需要手语支持的聋人。这只是粗略的分类。如果再进一步地细分,就会发现聋人内部的差异甚至远远地超过聋人群体和听人群体之间的差异。在这个连续体中，一个极端是只使用口语交流的聋人，另一极端是只使用手语交流的聋人，中间是不同程度地使用各种交流方式的聋人。此外，同一个聋人在不同的时期也可能会有不同的交流方式偏好。例如，在年幼时未能完全具有口语交流能力的聋人到了小学和中学阶段往往会转换成使用手语交流的模式。不同的聋人分布在这条线的不同点上。每个人就是一个"群体"。

在同一个班级中，不同学生对于交流语言的需求有很大的差别，而且在手语和汉语口语书面语的水平上也有较大的差异。结合上一节对教育安置方式的讨论，我们可以发现，聋生无论是在普通学校随班就读，还是在特殊教育学校读书，都处在一个大差异的环境中。因而，聋生们对教学语言的需求也有很大不同。

在目前的高校课堂中，一般采用以下几种方法来减小这些差异。

第一种：打字。教师用文字呈现自己所讲的内容。具体又可进一步细分为两种：直接在电脑上打字，在电脑上显示；在微信、QQ等社交工具中打字，在微信、QQ等社交工具中显示。

第二种：打字加口语。打字的同时，教师口语进行讲解。

第三种：语音识别。分为单纯的语音识别和手语加语音识别。单纯语音识别的文字，可以直接在电脑或手机上显示。手语加语言识别，一般需要在大屏幕上显示。教师一边打手语，一边讲口语，同时做语音识别。

第四种：边打手语边说话，不做语音识别。

第五种：只打手语，不说话。

目前，无论采用哪种方式，都只能满足部分学生的需求。

在聋人教育的课堂上，究竟应该选择哪种语言作为教学语言呢？百年聋教育的历史，就是一部不断争论的历史。从聋教育诞生的那天开始，是应当使用手语还是应当使用口语进行教学的争论就已经存在。手语法、口语法和综合沟通法，此消彼长。这些争论对于聋人语言发展产生了至关重要的影响。

手语沟通法是指听觉障碍者以手语作为交往手段的沟通方式，这也是听觉障碍者最自然的沟通方式。手语法的教育理念认为聋人是整个人类的一部分，他们和听人一样，具有相同的思维和需要，是可以接受教育的。聋人和听人的不同之处仅仅在于他们在听力上和听人相比存在着一些差异而已。而这种差异不一定非得通过学习听人的语言才能解决。手语是最适合聋人沟通的方式，使用手语是他们的权利。手语与口语一样有其自然、完整的体系，用手语交流有助于聋童更好地表达思想，增强对语言的理解和记忆。

口语法以口头语言作为交往的手段，主要是利用残余听力和读话技能来接受外来的信息，利用视觉、触觉和残余听力来学习说话和表达思想感情。口语法在1880年的国际聋人教育米兰会议之后开始受到重视和推广。

口语法的教育理念是肯定聋人具备说话能力，主流社会是有声语言的世界，学习口语是聋人适应社会的重要条件。声音才是人类文明的主要交际方式，要使聋人真正地融入普通人的生活，就必须学会用口语与别人交流。

综合沟通法又译为"综合交往法"或者"整体交际法"，是聋人的交际方式之一。从严格意义上来说，综合沟通法是聋人确定沟通方式运用的原则。美国聋人学校执行委员会会议给出了一个明确的定义："它（综合沟通法）是一种基本原则，要求把适当的听觉、手语和口语交往方式结合起来运用，以保证在听觉障碍者和普通人之间或者在听觉障碍者之间进行有效的交往。"❶

聋人双语教育目前在国际社会比较盛行，是一种行之有效的聋人教育方法。吴安安的《手语双语聋教育是对聋童的接纳和尊重》一文对此作了比较全面的介绍。她认为，认同中国手语是中国聋人群体使用的视

---

❶ 袁茵. 听觉障碍儿童沟通方法评介［J］. 中国特殊教育, 2002 (3): 37-40.

觉语言，这是一种理念。中国手语是具有语言学意义的人类自然语言。❶

中国手语有着与有声语言（汉语）不同的表达方式和语法特征。它是通过眼睛进行交流的，是"看"的语言。双语聋人教育中的"双语"是指中国手语和汉语（包括口语和书面语）。教授中国手语作为聋童的第一语言，教授本国语言（阅读和书写）作为聋童的第二语言。中国手语作为课堂教学的主要语言媒介和交流工具。聋人和听人教师平等地参与教学。尊重聋童的不同和特殊性，反对歧视。聋人双语教育的目的是赋权聋童。

鉴于聋人群体的沟通特点，以及群体内部个体之间的巨大差异，课堂教学语言的选择非常艰难。如何才能在班级教学的大背景下照顾到所有人的需求呢？基于学习通用设计的理念进行课程开发不失为一条有效的途径。

参考文献

[1] 本节内容部分来自《融合教育，能否打破"隔离"那道墙》一文。该文为一篇调查报告。团队成员是特教学院的聋人大学生，指导教师是本书的第一作者。该项目获得了第十五届"挑战杯"国家级二等奖。

[2] 聋人被洗脑后扎堆犯罪．专家：融入社会是关键[EB/OL]．[2013-04-07]．http://news.xinhuanet.com/legal/2013-04/07/c_115287279_2.htm．

[3] 赵斌，王琳琳．论特殊教育从人文关怀到行动支持走向[J]．中国特殊教育，2013（1）：3-7．

[4] 邓慧兰．聋童语言获得与手语双语共融教育：语言科学研究之知识转移[J]．语言与科学，2014（1）：24-34．

[5] 救助儿童会．为什么说新版《残疾人教育条例》关乎每一位孩子的受教育权，[EB/OL]．[2017-05-04]．救助儿童会微信公众号。

[6] 周满生．关于"融合教育"的几点思考[J]．教育研究，2014（2）：151-153．

[7] 景时．中国式融合教育：随班就读的文化阐释与批判[D]．武汉：华中师

---

❶ 吴安安．手语双语聋教育是对聋童的接纳和尊重[EB/OL]．[2016-03-04]．《有人》杂志微信公众号。

范大学，2013.

[8] 五国融合教育概要资料［EB/OL］.［207-06-02］. https：//site. douban. com/138021/widget/notes/6296633/note/206566512/.

[9] 救助儿童会. 为什么说新版《残疾人教育条例》关乎每一位孩子的受教育权［EB/OL］.［2017-05-04］. 救助儿童会微信公众号.

[10] 傅王倩. 医教结合：现阶段我国特殊教育发展的必然选择［J］. 中国特殊教育，2013（7）：3-7.

[11] 郭俊峰. 手势和手语在聋儿听力语言康复中的作用［J］. 中国听力语言康复科学杂志，2004（9）：51-52.

[12] 陈桦，顾琰，等. 手势与言语的关系论［J］. 上海外国语大学学报，2013（9）：50-58.

[13] 邓慧兰. 聋童语言获得与手语双语共融教育：语言科学研究之知识转移［J］. 语言与科学，2014（1）：24-34.

[14] 心欣幼儿园"残健融合教育"促进"特殊孩子"康复［EB/OL］.［2017-05-04］. http://www.xmnn.cn/dzbk/xmwb/20160606/201606/t20160606_4902350.htm.

[15] 肖艳新. 全纳教育理念指导下的聋人研究［D］. 长春：东北师范大学，2010.

[16] 姚勤敏，邓慧兰. 聋健学生的社会融合［J］. 现代特殊教育，2014（10）：14.

[17] 覃海琪. 大差异班级教育的基本理论与模式研究［J］. 中国特殊教育：2001（4）11-15.

[18] 袁茵. 听觉障碍儿童沟通方法评介［J］. 中国特殊教育，2002（3）：37-40.

[19] 吴安安. 手语双语聋教育是对聋童的接纳和尊重［EB/OL］.［2016-03-04］.《有人》杂志微信公众号.

第四章
从无障碍到通用设计

学习通用设计是通用设计的理念在学习领域的应用，与无障碍、融合教育等有着千丝万缕的联系。本章将对上述概念做简单分析，以便更好地开展实践工作。

第一节　无障碍

一、无障碍的发展过程

无障碍包括物质环境、信息和交流方面的无障碍。物质环境无障碍主要是指：城市道路、公共建筑物和居住区的规划、设计和建设对于残疾人通行和使用不构成不便和限制。例如，城市道路要满足坐轮椅者和拄拐杖者的通行，以及要方便视力残疾者的通行。建筑物应考虑在出入口、地面、电梯、扶手、厕所、房间和柜台等部位配置方便残疾人使用的相应设施和方便残疾人通行的设施等。

信息和交流的无障碍主要是指：公共传媒要支持听力言语和视力残疾者的信息交流，使他们能够无障碍地获得信息和进行交流。例如，影视作品和电视节目要配备字幕和解说，电视节目要有手语解说、公共场所要配备盲人有声读物等。❶

根据在中国知网上查到的中文文献，国内对于无障碍的研究最早出现在1981年。郭玲首先在《城市规划》杂志上发表文章，介绍日本的无障碍建设，以期指导北京无障碍小区的规划工作。❷ 1959年，欧洲议会通过了《关于方便残疾人使用的公共建筑的设计与建设的决议》，"无障碍"这个概念随之形成。1961年，美国推出世界上第一套《无障碍标准》。1963年，在挪威奥斯陆会议上，瑞典提出"尽可能地保障残疾者正

---

❶　乌兰，梅建，曲学利. 社会政策视角下我国无障碍建设发展现状探究 [J]. 科技和产业，2009（12）：126-128.

❷　刘静. 浅谈国内外无障碍设计的发展 [J]. 安徽建筑，2002（1）：26-27.

常生活的条件",并在1959年颁布了《有关残疾人住宅建设的规定》。到了1969年,各国基本上都以建筑标准补充条件的形式具体化这些规定。1970年,英国颁布了《慢性病患者及残疾人保障法》。其他一些国家,例如德国、加拿大、法国、波兰和荷兰等,也都制定了类似的规范。

无障碍设计的出现源于社会对于残障人士的更高关注,其宗旨就是要满足残障人士的物质和环境需要。所以我国有关无障碍设计的宣传标语大都传达这样的理念:推进无障碍建设,让残疾人生活更方便。

2012年,我国颁布《无障碍环境建设条例》。国家以法律法规的形式对于无障碍做出明确的规定,这是国家意志和行为的体现。《无障碍环境建设条例》在2012年6月13日的国务院第208次常务会议上通过,随后以中华人民共和国国务院第622号令的方式在2012年6月28日公布。《无障碍环境建设条例》分为总则、无障碍设施建设、无障碍信息交流、无障碍社区服务、法律责任和附则,共6章35条,自2012年8月1日起施行。

《无障碍环境建设条例》在第三章无障碍信息交流,以及同聋人直接相关的条目中包括如下规定:

第十八条 县级以上人民政府应当将无障碍信息交流建设纳入信息化建设规划,并采取措施推进信息交流无障碍建设。

第十九条 县级以上人民政府及其有关部门发布重要政府信息和与残疾人相关的信息,应当创造条件为残疾人提供语音和文字提示等信息交流服务。

第二十一条 设区的市级以上人民政府设立的电视台应当创造条件,在播出电视节目时配备字幕,每周播放至少一次配播手语的新闻节目。

公开出版发行的影视类录像制品应当配备字幕。

第二十三条 残疾人组织的网站应当达到无障碍网站设计标准,设区的市级以上人民政府网站、政府公益活动网站,应当逐步达到无障碍网站设计标准。

第二十四条　公共服务机构和公共场所应当创造条件为残疾人提供语音和文字提示、手语、盲文等信息交流服务，并对工作人员进行无障碍服务技能培训。

第二十五条　举办听力残疾人集中参加的公共活动，举办单位应当提供字幕或者手语服务。

第二十六条　电信业务经营者提供电信服务，应当创造条件为有需求的听力、言语残疾人提供文字信息服务，为有需求的视力残疾人提供语音信息服务。

电信终端设备制造者应当提供能够与无障碍信息交流服务相衔接的技术、产品。

二、残疾人观的变化

残疾人观，是指在一定的历史时期，社会主流意识对于残疾人的认识和态度。[1] 联合国《残疾人权利公约》中写道："残疾是一个演变的概念，残疾是伤残者和妨碍其平等、充分和有效地参与社会的各种态度和环境之间相互作用的结果。"

国际社会对于残疾的认识经历了四个阶段。

道德模式：残疾是对不道德行为或恶行的惩罚，或者认为残疾人是病态的人、可怜的人，是需要照顾的人。

医疗模式：残疾问题是医学问题，或者从病人视角来定位残疾人，认为残疾人的身心功能缺陷需要进行补偿和恢复，以达到正常的标准。

社会模式：残疾不仅是一种生理现象，更是一种社会现象。这种模式强调让残疾人在包容、平等和便利的社会环境中过正常的生活。

---

[1] 李志明，徐悦. 树立新型残疾人观，促进残疾人社会参与和融合［J］. 社会保障研究，2010（1）：105-108.

权利模式：残疾问题不仅是医学问题，更是社会的、权利的和发展的问题。

联合国大会在 2006 年 12 月 13 日通过的《残疾人权利公约》是权利模式残疾观的集中体现。基于社会融合的价值观，《残疾人权利公约》反对将残疾定义为隔离的少数人群的特征。

社会模式和权利模式虽然已经为签约国所接受，但是至今，世界上任何国家的残疾人事务导向都尚未完全是社会模式或者权利模式。大部分国家的残疾人事务导向都是以社会模式或权利模式为主的多种模式混杂状态。在现实政策制定和实践中，道德模式，尤其是医学模式，仍然存在并且发挥着重要的作用。

三、从无障碍到通用设计

无障碍设计主要是针对残疾人的设计，比如，为了方便轮椅使用者出行，去掉马路牙子。在建筑物中配上坡道和残疾人卫生间等。为了方便聋人看电视、电影，配上字幕。随着残疾人观的改变，残疾人由原来的医疗模式，即残疾人是被医疗和救治的对象，转为社会模式和权利模式，主张残疾人应当而且也能够平等地参与社会生活，如果社会给予残疾人足够的支持，他们同样也是社会财富的创造者。另外就是去污名化。无障碍设计虽然为残疾人提供了物理便利，但是在另一方面也让残疾人变得更加特殊，导致污名化，使残疾人承受较大的心理压力。正是在这种矛盾的情况下，通用设计应运而生。

第二节　通用设计

一、什么是通用设计

建筑师罗纳德·梅斯（Ronald Mace）最早提出通用设计。他是一名轮椅使用者，在 1985 年发表《通用设计：为所有人打造一个无障碍的环境》。他认为通用设计是设计建筑设施的一种方式。设计无须额外的辅助,同样也能适合所有人包括行动不便者的使用。

通用设计卓越中心(Centre for Excellence in Universal Design,CEUD)网站对于通用设计的定义:通用设计是不受年龄、高矮、能力或是不是残疾等因素限制,最大限度地方便所有人的通行、理解和使用的环境设计和组成。环境(或该环境中的任何建筑物、产品或服务)应当本着满足所有使用者的需求的宗旨进行设计,而不是为了有利于满足少数群体的需求而进行设计。如果一个环境对于所有的通行者和使用者是可通行的、可使用的、方便的和令人愉快的,那么,每个人都能从这个环境中受益。由于在整个设计过程中考虑所有人的不同需求和能力,因而通用设计能够创造出满足人们需求的产品、服务和环境。简单地说,通用设计就是好的设计。❶

通用设计又称为普遍性设计、万应设计等。从通用设计卓越中心关于通用设计的这个定义中,我们可以看出:通用设计既不是单纯地为了残疾人或者老年人等有特殊需要的人群而专门进行的设计,也不是为了所有人都能使用而进行的设计,而只是为了在特定情况下有需求的人群进行的设计。因而,这种设计有一种公平感。

二、通用设计的七个原则❷

通用设计卓越中心网站介绍了通用设计的七项设计原则。❸ 在北卡罗来纳州立大学罗纳德·梅斯领导下,由建筑师、产品设计师、工程师和环境设计人员组成的工作组在1997年确立这七项原则,目的是指导环境、

---

❶ What is Universal Design[EB/OL].[2020-05-01]. http://universaldesign.ie/What-is-Universal-Design/.

❷ 王保华. 通用设计原则与产品研发策略, 中国康复理论与实践[J]. 2010(1): 89-90.

❸ Centre for Excellence in Universal Design[EB/OL].[2020-05-01]. http://universaldesign.ie/What-is-Universal-Design/The-7-Principles/.

产品和通信的设计工作。

原则1：公平使用的原则。

产品的设计应适应具有不同能力的使用者。

指南：

1a. 为所有用户提供尽可能相同的使用方式。

1b. 避免隔离或污名化使用者。

1c. 确保所有用户拥有相同的、平等的隐私权和安全感。

1d. 能引起所有使用者的兴趣。

原则2：使用可变性原则。

产品的设计应适应不同人群的使用习惯。

指南：

2a. 提供多种使用方式以供使用者选择。

2b. 无论是左利手还是右利手都能方便使用。

2c. 提高用户的准确性和精确性。

2d. 适应不同用户的不同使用节奏。

原则3：简单直观原则。

无论使用者的经验、文化水平、语言技能、使用时的注意力集中程度如何，都能容易地理解产品的使用方式。

指南：

3a. 去掉不必要的复杂细节。

3b. 符合用户的期望和直觉。

3c. 适应不同读写和语言水平的使用者。

3d. 根据信息的重要程度进行编排。

3e. 在任务执行期间和完成时，提供有效的提示和反馈。

原则4：信息可理解原则。

无论周围情况如何，或者使用者是不是有感官上的缺陷，都能把必要的信息传递给使用者。

指南：

4a. 为重要的信息提供不同的表达模式，如图形的、语言的、触觉的表达方式。

4b. 重要信息和次要信息之间要有足够的对比。

4c. 强化重要信息的可读性。

4d. 以可描述的方式区分不同的元素（即便于进行说明或指示）。

4e. 能够同有感官限制的人使用的各种技术或设备兼容。

原则5：容错性原则。

产品设计应能将误操作或意外动作所造成的负面结果或危险的影响减到最小。

指南：

5a. 精心安排不同元素的布局，以降低危害和减少错误；最常用的元素应该安排在最容易触及的位置；危害性的元素可以采用缺省、单独设置或者配设保护罩等方式进行处理。

5b. 提供危险和错误警告。

5c. 提供故障安全功能。

5d. 在需要高度警觉的任务中，不鼓励在注意力不集中或者无意识的情况下的操作。

原则6：省力原则。

产品的设计应能舒适、简便和有效的使用。

指南：

6a. 允许用户不必改变省力的肢体姿势。

6b. 使用合理的操作力。

6c. 尽量减少重复动作的次数。

6d. 尽量减少持续性的体力负荷。

原则7：大小和尺度接近使用者原则。

提供适当的大小和空间，使不同体型、姿势或行动障碍的使用者都能够靠近、接触、操作产品。

指南：

7a. 为坐姿和站姿的用户提供清晰的视野。

7b. 坐姿和站姿的使用者都能够舒适地接触所有组件。

7c. 兼容各种大小的手和把握尺寸。

7d. 为辅助设备或个人协助提供充足的空间。

第三节　融合教育

一、什么是融合教育

多数学者认同融合教育是一种对于所有学生都有益的教学模式。教育安置方式分为以下四种，如图4-1所示。

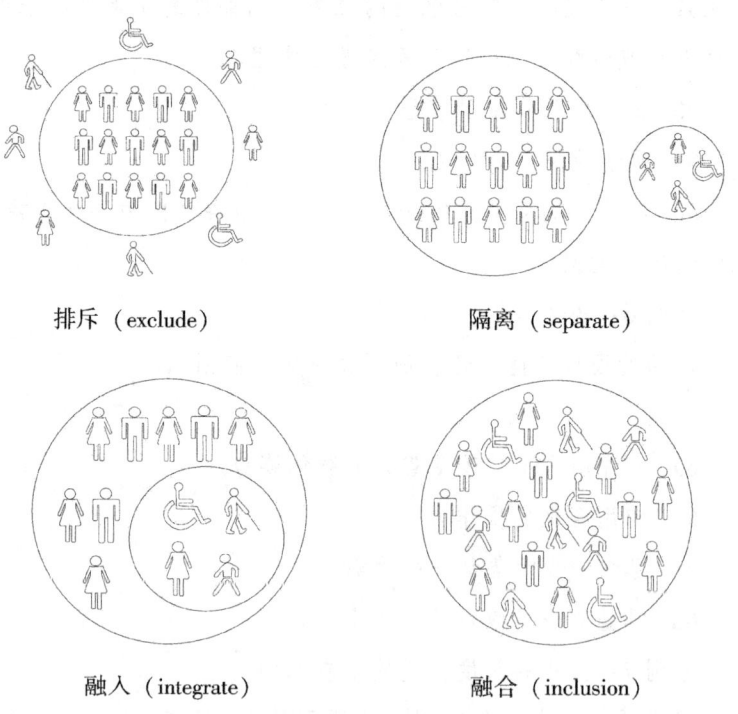

图4-1　教育安置方式

排斥，是指将残疾人排斥在普通人社会之外。普通人自成一个圈子，残疾人在这个圈子之外，不能进入。残疾人是残废，是社会的累赘。

隔离，普通人是一个圈子，残疾人是一个圈子。两者互不接近，互不融合。从教育角度来看，残疾人想要接受教育，不能进入普通学校，要进入单独设立的特殊教育学校，即采用隔离式的教育安置方式。

融入，也是取消隔离的意思。残疾人可以进入普通人的圈子。但是残疾人被安置在一个单独的固定位置。从教育安置方式来看，这种情况类似于随班就读。残疾人虽然进入了普通人的圈子，进入了普通学校的普通班级，但是仍然被划定为一个特殊的群体。

融合，和普通人平等相处，真正地进入普通人的圈子，也可以说是残疾人的圈子。普通人、残疾人不再是泾渭分明的两个群体。这种教育安置方式就是融合教育。

对于融合教育，没有一个固定的、统一的定义。我们从《融合教育理论与实践》一书中摘取一些说法。❶

融合指的是增加所有参加学生在普通教室学习机会的一种教育方式。

融合为残障学生提供一种不同的学习方式。

融合是一种一体化的过程，是一种使大多数残障学生可以进入普通教室接受教育的方式。

完全融合比融合更进一步，不分残障的类别及程度，都可进入普通班接受教育。

融合教育是特殊教育教师走向学生，而不是学生走向特殊教育教师。

---

❶ 吴淑美. 融合教育理论与实践 [M]. 北京：华夏出版社，2018：5-9.

二、融合教育的要素

表 4-1 融合教育的要素

项目	融合教育应有的要素	融合教育不应有的要素
安置方式	所有儿童在同一个学校、同一个班级一起学习,并提供必要的服务及支持。承认所有的儿童都有独特的需要。障碍儿童就近入学。安置在适合其年龄的班级。也就是说,不论是特殊学生,还是普通学生都在同一学校接受教育	将学生安置在特殊学校及特殊班。将年龄较大的特殊学生安置在年龄较小的班级和不适当的年级。实施特殊教育时予以隔离。将特殊班安排在校园的边缘
行政支持	向班级内有特殊学生的普通教育教师提供相应的支持。学校校长和其他行政人员都参与管理	期望普通教育的教师教导特殊学生,但是又不提供任何相应的支持
相关服务	整合相关的服务,如语言治疗,物理治疗和作业治疗等。重视父母对孩子未来的梦想及目标的影响。以团队的方式,包括父母,共同规划教育方案,并且强调创造及积极解决问题的态度。在普通的方案中,提供特殊儿童计划支持和需要的服务。无论所需的服务强度和频率如何,普通学校都应当予以提供。专业人员参与协助特殊学生,使其能够融合到班级中	只是将特殊学生丢在普通班里,但是不提供支持和服务。忽视父母的关心。仅将特殊学生安置在普通班级中,但对于所需的支持、服务、需要及参与人员等未加以计划。删减特殊教育服务
课程安排	所有学生参与学校生活。强调合作及合并特殊教育及普通教育资源。学生通过不同教育目标一起学习。让普通教育教师能接受对不同的学生使用不同的学习方式的理念,并依此引发新的学习策略。提供特殊学生大量参与班级及学校活动的机会。安排特殊学生接受社区环境工作训练	为了迁就和照顾特殊学生而牺牲普通学生的教育。所有的学生在相同的时间、采用相同的方式、学习相同的东西。忽视每个学生独特的需要。单独地安排特殊学生的午餐时间及其他活动时间

续表

项目	融合教育应有的要素	融合教育不应有的要素
教师安排	无条件地接纳。在普通教育环境中,当学生需要时,以无条件付出的方式提供更多的支持。全面参与胜过完全排斥。了解学生能做什么和不能做什么。在新的合作角色中,教育者需要正向看待自身的角色	否认特殊学生可在普通班级获得服务。教师及管理者过分地要求学生暴露在不必要的危险中。把普通教育教师和特殊教育教师分开,结果反而增进了隔离
同伴方面	教导所有学生了解个体的不同及人类的价值。鼓励并开展活动,提升特殊学生与普通学生之间的关系及友谊	每天对特殊学生及普通学生隔离安排。给特殊学生贴上标签,如障碍班和智能不足小孩等。在将特殊学生安置在普通班之前,没有做任何相应的准备或者事前处理

表4-1的内容来源于《融合教育理论与实践》一书。表中所列的要素是针对融合教育的,但是同样也适用学习通用设计。在基于学习通用设计理念进行课程设计时,我们可以进行对照,从而使课程设计更加合理。

三、融合教育的发展

据方俊明《融合教育:当代特殊教育发展的必由之路》[1] 一文的介绍,融合教育发展历经三个阶段。

第一阶段:回归主流。20世纪60年代到80年代末,首先在美国兴起。随后不久,英国及欧洲其他国家都积极地响应"回归主流"运动,对隔离式特殊教育提出了严厉的批评,认为隔离教育有碍于特殊儿童回归主流社会。第一阶段强调的问题主要是残疾儿童教育安置形式的非隔离性和最少限制性。

第二阶段:反标签化。从20世纪80年代到90年代,以特殊教育学

---

[1] 方俊明. 融合教育:当代特殊教育发展的必由之路 [N]. 中国社会科学报,[2009-12-18].

界的"反标签化"、反鉴定评估的"纯医学观点"及倡导"无歧视评估"作为主要标志。倡导者认为标签化的评估会给特殊儿童的一生发展带来许多负面影响，主张更多地从社会心理角度关注儿童教育，而不是从纯医学传统的角度对残疾儿童进行简单分类，并建议用"有特殊教育需要的儿童"概念来代替"残疾儿童"的称谓。

第三阶段：融合教育。从20世纪末到现在，在这个时期，不仅连续地召开过几次国际性特殊教育会议，而且还发表过一系列国际宣言和行动纲领，融合教育思想也发展得更加成熟，更能体现人本主义精神和教育公平。例如，著名的《世界全民教育宣言》（1990年）、《哈尔滨宣言》（1993年）和《萨拉曼卡宣言》（1994年）等使许多国家和地区都对融合教育有了更加深入的理解和认同，而且还采用立法形式将推行融合教育列入公共教育政策之中。

融合教育促进所有的儿童都能够共同发展。但是，融合教育的大发展，也使普通学校普通班级中的同学之间的差异变大了，出现了所谓的"大差异"班级。

第四节　差异教学

本着因材施教的原则，在大差异班级中推行差异教学。

在《差异教学论》中，对于差异教学，华国栋给出了一个明确的定义："差异教学是指在班集体的教学中立足于学生个性的差异，满足学生个性化学习的需要，旨在促进学生在各自原有的基础上得到充分发展的教学。"❶

美国学者卡罗尔·安·姆林森（Carol Ann Tomlinson）认为，在差异教学课堂中，教师应根据学生的准备水平、学习兴趣和学习风格，主动地设计和实施多种形式的教学内容、教学过程，使学生收获丰硕的学习成果。

---

❶ 华国栋. 差异教学论［M］. 北京：教育科学出版社，2001：16.

美国学者黛安·希考克斯（Diane Heacox）认为，差异教学是指教师改变教学的进度水平和类型，以适应学习者的需要、学习风格或兴趣。差异教学的根本目的是让学生能以自己的方式谋得自身的最佳发展，获得相对于自己的学业成功。

华京生指出，差异教学适用于以聋生为主的特殊教育学校。"如果学生没有智力等方面的障碍，而只是主要在学习方式等方面有特殊的教育需要，那么，在给予学生这方面支持的同时，还应鼓励他们学习普通课程，实施差异教学，辅以必要的个别化教学训练。不一定要求教师为每个学生都制订系统的、综合的个别化教育计划，而是要用共性的课程标准来评价他们（当然需要有适度的灵活性和选择性）。这对于学生将来参加普通高考或者将来参与社会就业的公平竞争，乃至适应社会都会很有好处。"[1]

在聋生的汉语阅读与写作课程中，我们曾经实施过分层教学。分层教学，也只是解决了保证各教学班学生汉语水平相对一致的问题，解决了教学内容的难度设定的问题，满足了部分学生对沟通方式的需求。但是，实际上在分层后的班级内部，学生之间的基本情况和需求仍然存在着比较大的差异。从学生受教育的背景来看，一直随班就读的同学和一直在聋校读书的同学，需要教师采用不同的教学方法。从听力损失和是不是有口语能力的情况来看，全聋的和重听的需求不一样，能够说话的和不能够说话的需求也不一样。为此，单是在教材的呈现形式方面，就可以有很多种不同的方式。比如，在古诗文的学习中，对于汉语水平高的学生，可以只呈现原文，要求他们读懂原文的内容；对于汉语水平稍差的学生，可以呈现已经翻译成现代汉语的内容；而对于汉语水平相对较低的学生，可以将课文内容翻译成手语形式，让学生们首先通过手语

---

[1] 华京生. 差异教学与个别化教学的比较研究［J］. 中国特殊教育：2014（10）：11-13.

来理解课文内容，然后再进行汉语的学习。❶

在对大差异班级进行分层教学的过程中，我们发现学习通用设计这种方法更适合于大差异聋生班级的教学设计。

参考文献

[1] 乌兰，梅建，曲学利. 社会政策视角下我国无障碍建设发展现状探究 [J]. 科技和产业，2009（12）：126-128.

[2] 刘静. 浅谈国内外无障碍设计的发展 [J]. 安徽建筑，2002（1）：26-27.

[3] 李志明，徐悦. 树立新型残疾人观，促进残疾人社会参与和融合 [J]. 社会保障研究，2010（1）：105-108.

[4] What is Universal Design [EB/OL]. [2018-05-01]. http：//universaldesign. ie/What-is-Universal-Design/.

[5] 王保华. 通用设计原则与产品研发策略，中国康复理论与实践 [J]. 2010（1）：89-90.

[6] Centre for Excellence in Universal Design [EB/OL]. [2020-05-01]. http：//universaldesign. ie/What-is-Universal-Design/The-7-Principles/.

[7] 吴淑美. 融合教育理论与实践 [M]. 北京：华夏出版社，2018.

[8] 方俊明. 融合教育：当代特殊教育发展的必由之路 [N]. 中国社会科学报，[2009-12-18].

[9] 覃海琪. 大差异班级教育的基本理论与模式研究 [J]. 中国特殊教育：2001（4）11-15.

[10] 华国栋. 差异教学论 [M]. 北京：教育科学出版社，2001.

[11] 华京生. 差异教学与个别化教学的比较研究 [J]. 中国特殊教育：2014（10）：11-13.

[12] 吕会华，付平. 聋人《汉语阅读与写作》课程分层教学实践研究—以北京联合大学特殊教育学院为例 [J]. 绥化学院学报，2016（10）：1-4.

---

❶ 吕会华，付平. 聋人《汉语阅读与写作》课程分层教学实践研究—以北京联合大学特殊教育学院为例 [J]. 绥化学院学报，2016（10）：1-4.

第五章

学习通用设计

第一节 何为学习通用设计

一、什么是学习通用设计

学习通用设计是一种能够科学有效地指导教育实践的框架。

第一,提供灵活的方式,包括在信息呈现、学生的回应,展示知能,或者学生参与等方面采用较灵活的方式。

第二,减少教学中的障碍,提供合适的学习设施、支持和挑战,保持对于所有学生(包括残疾学生或者英语水平有限的学生)的高成就期望。

美国特殊技术应用中心将"学习通用设计"定义为一种课程框架,包括教学目标、教学方法、教材和评估等。从"学什么""怎么学""为什么学"入手,致力于减少课程的障碍。在其介绍中,《学习通用设计指南(2.0版)》根据学习者的不同类型,提供了不同的策略,包括提供多样化的表现方式,多样化的行为和表达方式,以及多样化的参与方式。这三个大项共包括 31 个小项,可以有选择地采用。

二、学习通用设计的三大原则[①]

(一)提供多样化的表现方式

对学习内容的感知和理解是进行有效学习的必要前提。不同的学习者感知和理解信息的方式存在差异。例如,多数学生可以从印刷的文本材料中感知学习内容,而个别学生(如有感官缺陷的视障或听障学生)可能只有通过视觉或听觉手段才能更快或更有效地掌握信息;表达概念之间关系的图表对于某些学习者可能有些帮助,而对于其他的学习者来

[①] 张茂林,弋鹏,蔡翩飞. 通用学习设计及其在高等融合教育中的应用 [J]. 现代特殊教育,2019(08):9-13.

说则可能难以理解。通用学习设计要求课程设计要针对学习者特有的生理和认知特点,选择恰当的内容呈现方式,以确保所有学习者都能平等地感受到关键信息。为了减少学习障碍,可以采用多样化的信息表现方式,提供多种可选用的语言、符号,以及多种有助于促进理解的方式。比如,以不同的呈现方式(纸质版、电子版、盲文版、视频形式、音频形式等)呈现同一学习内容;允许学生以自行调整的格式呈现相关的信息(如字号可以变大、声音可以增强等)。

(二)提供多种行动和表达手段

学习者对于相同学习环境的驾驭和相同知识的表达方式都不完全相同。就像有些学生口头表达能力不强,但是擅长用文字来表达,而有些学生则恰恰相反。有重度运动障碍的人(如脑瘫患者、具有执行功能障碍或者语言功能障碍的人)完成学习任务的方式可能就完全不同。另外,行动和表达需要一定的策略、实践和组织,学生们在这些重要方面也存在着个体差异。通用学习设计强调为每位学习者,特别是残障学生,提供多样化的表达和交流方式,主张使用多种交流的媒介促进学生能够充分地展示自己所学的知识和技能,使他们有较多的自主选择机会,运用最适合自己的方式来表达自己,以展现自己对所学内容的认识和理解。

(三)提供多种参与手段

多元参与的方式同学习过程中个体大脑的情绪网络相对应,主要涉及"为什么学"的问题。情绪网络影响着学生对学习活动的情绪体验,与个体的个性、动机、兴趣和生理状态等因素密切相关。学生个体间存在明显的差异,这些差异会体现在他们的学习投入、面对挑战与困难的态度及持之以恒的学习毅力等诸多方面。多元化的参与方式意在调动学生的积极性,使其能最大限度地参与到学习的过程之中。教师需要根据学生的不同特点,提供多元的参与手段,激发学生的学习兴趣,提升学生的学习动力,为其提供适当的挑战,增强他们的自我调节能力,促进他们个人应对技巧和策略的发展。

第二节 学习通用设计指南

一、学习通用设计指南的内容

学习通用设计指南是在教学规划阶段为教师和其他课程开发者提供帮助的工具。该指南围绕学习通用设计的三大原则提出很多务实的建议。❶

Ⅰ 提供多种表征方式

1. 为感知提供选择

1.1 提供信息定指和呈现的各种方式

1.2 提供听觉信息的不同选择

1.3 提供视觉信息的不同选择

2. 为语言、数学表达及符号的使用提供选择

2.1 阐明词汇和符号

2.2 阐明语法和结构

2.3 支持文本、数学符号和符号的解析

2.4 促进跨语言的理解

2.5 通过多种媒介来说明

3. 为理解提供选择

3.1 激活或提供背景知识

3.2 突出模式、关键性特征、大概念和关系

3.3 指导信息加工、可视化和操作

3.4 作尽可能远的迁移与概括

善用资源和知识广博的学习者

---

❶ 霍尔. 学习的通用设计：课堂应用[M]. 裴新宁,陈舒,译. 上海：华东师范大学出版社,2019:14—20.

Ⅱ 提供多种行动与表达方式

4. 为身体力行提供选择

4.1 改变响应和导航方式

4.2 优化工具和辅助技术的获取途径

5. 为表达和交流提供选择

5.1 使用多种媒介进行交流

5.2 使用多种工具进行解释与创作

5.3 支持练习与表现,逐级达到流畅水平

6. 为执行功能提供选择

6.1 指导适当的目标设定

6.2 支持规划和策略开发

6.3 促进信息和资源管理

6.4 加强监控进程的能力

富有策略且目标导向的学习者

Ⅲ 提供多种参与方式

7. 为激发兴趣提供选择

7.1 优化个人选择和自主性

7.2 凸显相关性、重要性和真实性

7.3 将威胁和干扰最小化

8. 为持续的努力和坚持提供选择

8.1 提高目标和目标意识

8.2 改变要求和资源以优化挑战

8.3 促进写作与共同体建构

8.4 增进以掌握为导向的反馈

9. 为自我调节提供选择

9.1 提升优化及的期待和信念

9.2 改善个人应对技巧和策略

9.3 发展自我评价与反思

意图明确且动机持续的学习者

二、传统课堂和 UDL 课堂的不同[1]

在理解网站（https://www.understood.org）上，理解团队（Understood Team）发表过一篇论文：《学习通用设计和传统教育的差别》[The Difference Between Universal Design for Learning (UDL) and Traditional Education]。我们特此摘录其中的一些基本思想。

学习通用设计是一种教学方法，旨在为所有学生提供平等的成功机会。虽然在传统学校中，有些教师可能不自觉地使用过学习通用设计的原则和做法，但是传统教学和学习通用设计的教学方法有着明显的不同。

在美国特殊技术应用中心（CAST）的帮助下，理解团队绘制出表 5-1，重点介绍了传统教学和学习通用设计教学之间的某些差异。

表 5-1 传统教学与学习通用设计教学的差异

传统教学	学习通用设计教学
教学侧重于教什么； 重点是教授学生需要学习的主题。在课程设计和教学时，考虑到"特殊"学生； 这通常就意味着教师会以某种方式为全班同学提供学习材料； 例如，关于内战的一课可能涉及教师讲课，并在黑板上写出一些重大事实和日期	教学侧重于教什么和怎么教； 重点是找到方法，在课堂上向各种类型的学习者教授这些材料。教师的教学计划重在满足广泛的需要，没有"特殊"的学生； 教师将以各种方式介绍材料。关于内战的一课可能包括传统的讲座，也可能还有视频材料供学生观看或者到在线课堂论坛上进行讨论。甚至还可能会进行棋盘游戏，让学生在游戏中了解战争的历史

---

[1] The Understood Team The Difference Between Universal Design for Learning (UDL) and Traditional Education[2019-05-01].[EB/OL]. https://www.understood.org/en/learning-attention-issues/treatments-approaches/educational-strategies/the-difference-between-universal-design-for-learning-udl-and-traditional-education.

续表

传统教学	学习通用设计教学
为特殊学生做出一些改变； 改变仅适用于有 IEP 或 504 计划的学生，目的是帮助这些学生学习与同学相同的材料； 例如，在 IEP 或 504 计划中列出住宿学生阅读书籍的可能的替代格式，如有声读物。但是，备用格式不适用于所有类别的学生	面向所有学生； 根据学生可能获得的 IEP 和 504 计划，为所有学生做些调整或改变。其理念是，由于有多种不同的格式可以选择，所以所有的孩子都可能受益。也有一些人认为，为所有人做出一些调整或改变，可以减少学生的耻辱感； 例如，使用某本书上课，则这本书可以采用多种形式提供给全班学生，如文本到语音转换、盲文、数字文本和大字打印等
教师决定如何教授材料； 教师为全班上课，所有学生都学同样的内容	教师与学生一起决定学生如何学习材料； 教师和学生共同制订个人学习目标。每个学生都要做出如何实现个人目标的选择，目的是让学生了解自己是如何进行学习的，成为"专家学习者"
教室有固定的设置； 教室的布局像一个传统的教室：课桌分排或分组地进行布置。教师站在前面，给全班同学讲课	教室设置灵活； 房间布置要留有一些空间，以适应各类工作：安静、个人工作、团体工作和小组指导。可根据课程和学生需求进行灵活教学。教师可四处走动，随时指导学生学习
完成作业的方法只有一种； 学生通常只用一种展示学习成果的方法。例如，学习任务只能采用书面报告的形式完成	完成作业的方法可以有多种； 学生可以采用不同的方式展示学习成果。因为不同的学生在不同的表达方式上有不同的优势。例如，学生可以采用书面报告的形式，也可以采用视频、幻灯片演示等形式。各种形式都可以选用，而不是仅限于书面报告一种方式
等级用于衡量绩效； 通过测试、测验、项目和作业对学生的表现定期做出反馈，但是成绩通常不纳入当前的学习目标和学习讨论	成绩用于强化目标； 学生会经常收到有关自己工作方式的反馈。鼓励学生对于自己的学习情况以及是不是达到课程目标进行反思。成绩纳入讨论

学习通用设计不是专门为有学习和注意力问题的孩子而特别进行的，而是为了建立一种可适用学生优势和需要的灵活模式。

三、学习通用设计的设计原则清单包括13个实例[1]

2019年，神通游戏网站（https://www.prodigygame.com/blog/universal-design-for-learning/）发布了《学习通用设计：3个基本原则和13个例子》（Universal Design for Learning：3 Basic Principles and 13 Examples）。教师可以对照清单来考评自己的教学是不是符合学习通用设计的要求。13个实例的内容如下。

（一）了解学生的优劣势

要想正确地应用通用设计进行学习，教师必须了解每个学生的优缺点。

教师可以询问每个学生他们希望如何学习当天的课程，然后在教学内容、学生奖励、收集信息或结果的工具和学习任务安排次序等方面安排多种选择。

这样做，教师更容易注意到学生们在哪些方面表现突出，甚至可以让家长参与，帮助找出孩子们在学习上的优缺点。

（二）设定明确的学习目标

教师自己要有一个非常明确的目标：帮助学生们学习。在制订课程计划的时候，教师心中要考虑学生的学习目标：在什么时候，学生们应当学习哪些具体的知识。

若要有效地激励和吸引学生，就要让学生参与其中。一个很好的例子就是把学习目标张贴在教室的显著位置，让所有的学生都了解学习的目标。要做到这一点，教师在每节课上只能设定一个明确的目标。然后，在刚开始上课时，让学生讨论这个目标，同时要在显著位置把这个目标

---

[1] Universal Design for Learning：3 Basic Principles and 13 Examples [EB/OL]. [2019-08-11]. https://www.prodigygame.com/blog/universal-design-for-learning.

写出来,让全班学生都可以看到。

这样,学生就可以明确地知道这节课预期要学习什么,因而也就能更积极、专注地学习这方面的内容,以完成这个目标。

(三)建立并遵守课堂常规

让学生认为是在安全的环境中学习,这对于调动学生的学习积极性和提高学习的效率极其重要。一个很好的例子就是建立起课堂规范,这样有助于增加学生的安全感。

建立和遵守课堂常规不仅只对于有孤独症的残疾学生有很大的帮助,而且对于所有学生都有好处。有了固定的课堂常规,在上课时,每个学生就会知道自己应该做什么,应该在什么时候做。

固定的课堂常规有助于灵活地安排各种子任务的顺序或时间,也有助于学生准确地知道上课的进度。

(四)提示学生在什么时候可以寻求帮助

在学习某些知识时,有些学生遇到的麻烦可能比较多。不要让学生感到气馁,更不要让他们放弃,这些学生需要知道在什么时候可以寻求帮助。

遗憾的是,并不是所有的学生都能知道自己在什么时候应当寻求帮助。

因此,要提示学生寻求帮助。例如,数学教师可以规定每个学生在解决某个问题时需要多长时间。假如他们不能在规定的时间(如在 2 分钟内)解决这个问题,那么他们就应当向教师或者同学寻求帮助,这样做可以帮助学生避免气馁情绪,继续有效地学习。

(五)具有共同兴趣或优劣势的学生组成学习小组

教师应该知道哪些学生采用音频描述的方法能够学得更好,哪些学生具有哪些兴趣,等等。

如果多个学生的学习方式相同或者有共同兴趣,可以让这些学生组成学习小组,共同进行某些课堂活动。

例如，有些学生喜欢制作视频，但不喜欢写作文。可以将这些学生分到同一个小组，一起完成某个视频制作项目。

（六）灵活布置教室

灵活的课堂教学还包括学生学习的物理空间。调换教室内家具布置，灵活地安排学生座位，可以让学生们感到舒适自在，有助于提高学生们的学习效率。

这可能就需要添置一些变形椅子或者健身球，甚至一些立式课桌、地板垫、高脚桌子等。灵活安排座位不仅对于那些不愿常坐同一个地方的学生有帮助，还能让所有的学生都能够有最佳的学习空间。

（七）以灵活的形式显示信息

根据上述信息，教师现在应该已经了解到学生们怎样进行学习会最有效。因此，教师可以帮助提供灵活的学习方式。

教师可以采用很多种方式来呈现信息，例如，传统纸质书本、电子书、文本到语音的转换、图片或图表、学习游戏、视频和音乐等。不管采用哪种方式，最好让学生们也能有一些灵活性。例如，在使用电子课本时，准许学生们自行地调整字体的大小或背景颜色；在使用视频材料时，准许学生们调整视频材料的播放速度和音量等。

这样，每个学生都能按最佳方式和信息进行互动，能够更有效地发挥各自的学习技能和优势。

（八）提供适应多语言学生的信息

如今，学校越来越国际化。这有积极的一面，国际化可以提升教学的气氛。但是，最重要的一点就是要适应性地展示信息。在多语种的课堂教学中，教师应当怎样应用这个原则呢？尽可能地同时使用学校主要语言和学生母语两种言语向学生们提供所有的信息。

教师既可以使用视觉辅助工具帮助学生理解不熟悉的词汇，也可以向多语言学生提供纸质或电子词典。这种适应性展示信息的方法同样适用于聋生。如果课堂中有聋生，教师就要保证在各个方面都要有纯视觉

学习通用设计与聋人大学课程建设

的选择。例如，视频下面要配有字幕，要有语音能够自动地转化成文本的软件，最好所有的信息都能同时配有手语版本。

（九）帮助学生学会如何辨明关键思想和厘清关系

学生必须学会如何分辨关键信息和次要信息。

在上课时，教师同样可以运用学习通用设计方法，帮助学生找出课文中的重要短语，或者使用简短的语言概括视频课的主要内容。

教师还应当指导学生学会如何在已经学过的知识和当前正在学习的知识之间建立起联系。

例如，数学教师可以帮助学生清楚地理解加法和乘法之间的关系，帮助学生利用过去的经验来更好地学习新的概念。

（十）采用多种方式展示成果和完成作业

学生一旦理解了课堂中所学的知识，教师就要让他们展示自己的学习成果。展示学习成果的最传统方式就是作业，但是，教师应当让学生们自己决定采用什么方式完成作业。这样一来，学生们就能够采用最适合自己的方式展示学到的知识。

展示成果的方式有很多种，包括编写视频短文、画连环画、采用数字格式或者音频提问方式进行测验、进行分组演示或者制作物理模型等。

例如，历史教师可能会想要学生们展示一下他们对于引起第二次世界大战的一些事件的了解情况。那么，他就可以让学生们自己选择展示的方式，既可以进行书面测验，也可以制作一段报道这些事件的短视频，还可以绘制一组介绍这些事件的连环画。这样，所有的学生不仅都能展示自己对于这个主题的了解情况，而且还都能以最适合自己的方式来展示，完成这项作业。

（十一）允许使用学习软件

在课堂中使用学习软件是个好办法，可以适应每个学生的特点。例如，语言教师可以使用语言学习软件的应用程序和游戏来帮助学生学习，还可以随时地跟踪了解学生们的学习进度。

数学教师也都喜欢使用"神童"这样的学习软件,因为这类软件能够帮助学生们聚精会神地研习当前的问题和处理信息,能够获得更好的学习效果。

(十二)提供多种导航和控制方式

适应性就是允许有障碍的学生使用自适应软件和硬件。例如,对于计算机中的数字内容,必要时,学生可以借助语音、操纵杆或者自适应键盘等进行控制。

在同课堂中使用的材料进行互动的过程中,如果需要进行各种操作动作,也应当配备其他的适用性软硬件。

(十三)定期地给予反馈,帮助学生确定目标和制定实现目标的策略

学生需要清楚地知道自己在课堂学习中的学习情况。如果教师经常做出反馈,学生们就能够了解自己的当前状况,知道已经取得了哪些进步,以及还需要完成哪些任务。

虽然分数很重要,但分数不是反馈的唯一指标,还应当包括目标规划和成就等内容。

教师还应该帮助学生进行自我评价。例如,在提供反馈的同时,教师还可以向学生提出如下问题:

你觉得你达到了今天的课程目标了吗?

你觉得采用别的办法也能达到今天的课程目标吗?

你这周学到了哪些新技能?

你打算如何实现我们明天的课程目标?

这样的问答可以帮助学生学会如何回顾和反思自己的活动,制订新的计划,帮助他们实现学习目标。

四、学习通用设计的现状

据《学习的通用设计:课堂应用》(*Universal Design for Learning in the*

Classroom Practical Applications）一书介绍❶，学习通用设计在写作、数学、科学、艺术及历史研究等课程中都已经广泛地运用，并且取得了很好的效果。在国内，相关的研究主要以介绍学习通用设计的相关问题为主，而相关的实证研究，尤其是在聋人教学中的应用，还比较少。学习通用设计在国内未能得到有效实施的原因可能与现行的教育体制有关：在基础教育阶段，高考指挥棒的作用不容忽视；而在高等教育阶段，学生是根据高考成绩录取的，因而教学班级中学生间的个体差异相对较小。随着慕课的大规模发展，慕课课堂也逐渐向全纳教育课堂发展。那么，如何让所有慕课的参与者都能坚持学习、有所收获，是一个亟待解决的问题。值此之际，学习通用设计恰好给我们提供了一个可行的方向。

参考文献

[1] 张茂林，弋鹏，蔡翮飞. 通用学习设计及其在高等融合教育中的应用 [J]. 现代特殊教育，2019（08）：9-13.

[2] 霍尔. 学习的通用设计：课堂应用 [M]. 裴新宁，陈舒，译. 上海：华东师范大学出版社，2019.

[3] The Understood Team The Difference Between Universal Design for Learning(UDL) and Traditional Education [EB/OL]. [2019-05-12]. https://www.understood.org/en/learning-attention-issues/treatments-approaches/educational-strategies/the-difference-between-universal-design-for-learning-udl-and-traditional-education.

[4] Universal Design for Learning：3 Basic Principles and 13 Examples [EB/OL]. [2019-05-12]. https://www.prodigygame.com/blog/universal-design-for-learning.

[5] 霍尔，等. 学习的通用设计：课堂应用 [M]. 裴新宁，陈舒，译. 上海：华东师范大学出版社，2019.

---

❶ 霍尔，等. 学习的通用设计：课堂应用 [M]. 裴新宁，陈舒，译. 上海：华东师范大学出版社，2019：26-129.

第六章

基于学习通用设计的课程建设实践——以『中国手语语言学』课程为例

第六章 基于学习通用设计的课程建设实践——以"中国手语语言学"课程为例

在长期推广学习通用设计的实践探索过程中,美国特殊技术应用中心总结和提炼出了在融合教育背景下课堂中能够真正有效地开展全员学习规划(planning for all learners)课程设计的模式。这个模式借助团队合作,尽可能地减少所有学习者(尤其是具有特殊教育需要的学生)在课程学习的过程中可能遇到的障碍,从而使学习者能够更方便、更有效地掌握一定的知识与技能,获得相应的学业进步与成就,保持对学习的兴趣与热情。

全员学习规划的实施可参照下述的执行步骤进行[1]:

第一,设定对所有的学生都具有适当挑战性的目标,这一目标必须基于课堂学习中的实际情景,同时要同《让每个学生都成功的法案》规定的标准保持一致。

第二,收集信息,分析班级与课程现状,确认目前课程设计与教学中使用的方法、材料与评估方式,并且查找出这些因素对于学生的学习可能造成的显性和隐形阻碍。

第三,以学习通用设计作为指导,针对在课程设计和教学中所有学生在学习过程中可能存在的各种阻碍,重新设定课程目标,进而调整当前的教学材料与方法,并以书面计划的形式确定下来。

第四,依据书面计划实施教学,同时分析和评估课程设计与教学的效果。如果有效,就进入下一个教学单元;如果无效,则重复上述各步直至开始见效。

在理论梳理的基础上,应用全员学习规划的课程设计模式进行课程的建设。

---

[1] 刘斌. 利用"学习通用设计"让融合教育落地[N]. 中国教师报,2018-12-12(3).

第一节　班级情况与课程现状

一、课程开设的背景

截至 2020 年年底，全国招收聋人大学生的院校有 20 多所。除北京联合大学特殊教育学院面向聋生开设"中国手语语言学通识教育"选修课程之外，越来越多的院校也增设了类似的课程。例如，郑州工程技术学院为聋生开设了"聋人与社会"课程，而重庆师范大学则开设了"手语"课程。聋人学生作为手语的使用者，需要对这种语言有一个全面的了解。然而遗憾的是，在以前的学习中，他们并没有专门地、系统地学习过"手语"这门课程。也就是说，他们没有系统地学习过手语，更不用说系统地学习过手语语言学基本理论了。

《国家中长期语言文字事业改革和发展规划纲要（2012—2020 年）》《国家语言文字事业"十三五"发展规划》都强调"手语盲文规范是国家语言文字工作的重要内容"。国家语言文字工作委员会规范标准审定委员会审定的《国家通用手语常用词表》也已经通过了教育部、国家语言文字工作委员会和中国残疾人联合会的批准，被作为语言文字规范发布，并且自 2018 年 7 月 1 日起予以实施。

党和国家高度重视残疾人事业。作为聋人群体广泛使用的手语也同样得到了高度重视。国家推广通用手语的工作也正在如火如荼地开展。同样地，手语语言学的研究在中国也早已起步，从无到有，研究队伍不断壮大。当然，广大的聋人是手语使用和推广的主力军。他们急需用手语语言学知识来武装自己。这门课程的开设，可以为他们今后参与手语研究和推广等活动打下一定的理论基础。从语言学的角度重新认识手语，学会用现代语言学的理论来观察手语语言现象和分析手语，是正确高效地推广手语的一种方法。

第六章　基于学习通用设计的课程建设实践——以"中国手语语言学"课程为例

正如上文所言，我们调查的这些学生的基本情况是，大多数同学都有一定的手语基础。由于这些学生在以前的教育中缺失了手语教育，因而他们学会和打出的手语大多数从实质上来看仍然是手势汉语，而真正能够用中国手语（自然手语）表达意思的学生仍然比较少。这种情况势必会影响学生对于中国手语（自然汉语）的认识。当然，这还不是最主要的问题。一方面，只要这些学生愿意学习中国手语（自然手语），他们都会比普通人学得更快。因为无论是耳聋还是重听，他们视觉学习的能力通常都比普通人更强一些。另一方面，他们处在使用手语的同学中间，每天沉浸式学习，手语水平自然提高得更快。但是，由于他们的既有教育以及整个社会大环境的影响，这些学生已经形成了某些固有的观念，主要有如下的几种情况。

一部分同学不接受手语。他们从小一直都是接受口语教育，没有接触过聋人，也没有接触过手语。他们对于手语在心理上比较抵触，认为学了手语就证明自己是聋人了或者认为学习手语可能会影响自己学习汉语。

一部分同学不接受中国手语（自然手语），而是推崇手势汉语。他们认为中国手语（自然手语）是低级的语言，只有那些没有文化的聋人才使用这种语言。另外，因为手势汉语的表达语序和汉语的语序相同，因而就觉得这样打手语，对于自己学习汉语也有帮助。

一部分同学虽然接受中国手语（自然手语），能看会打中国手语（自然手语），但是不认为中国手语是一种独立的自然语言，而是觉得中国手语（自然手语）是日常交流的语言，在正式场合还是不要使用表情那么丰富的中国手语（自然手语），而是应当打手势汉语，这样才能显得较端庄典雅。

还有一部分同学接受中国手语（自然手语），能看会打中国手语（自然手语），而且也认为中国手语是一种独立的自然语言，使用中国手语（自然手语）能够更好地表达自己的思想。

在一个学期之中，这门课程只有32个学时。除了要讲述新知识之外，教师还要随时纠正学生的错误观念。

二、课程建设方案

（一）前言

课程方案是课程开发者为了体现和实现既定的课程意图，对课程目标、内容或结构及课程实施与评价等方面进行整体规划，能够有效地付诸实践的各种安排。这里所说的课程不仅指知识和技能，还包括学生经验和经历。概括来说，它是指有计划地安排每位儿童学习机会，并且确保其能够获得知识、参与活动和增加体验的整个过程。❶

学习通用设计是"通用设计"这个理念在学习领域中的具体应用。通用设计的核心是普适性的产品和环境设计，旨在使产品和环境能够最大限度地方便所有人（包括残障人士）的使用，而且在使用的过程中无须再进行任何的调整或者增加其他额外补充的专门设计。后来，这种理念被应用到了教育领域，就产生了"学习通用设计"。美国特殊技术应用中心将"学习通用设计"定义为一种课程框架，包括教学目标、教学方法、教材和评估等。这一框架致力于减少课程的障碍，为学生的学习提供丰富多样的支持，使每个学生都能最大限度地获得知识、提高技能、保持学习热情，并维持对他们的高期望值，保持他们的高成就水平。围绕认知、策略和情感这三个系统，提供灵活多样的媒体和工具，为学生提供不同的表征、描述和参与形式的课程材料和指导策略，精确地测评所有学生的学习能力和学业水平。❷

由于听力损失程度不同、康复效果不一、接受教育的背景不同等原因，同一班级中的聋人学生在诸多方面都存在较大的差异。在聋人大学

---

❶ 郑东辉. 什么样的课程方案评价是好的评价［J］. 当代教育科学，2011（16）：13-15.

❷ 秦宗南. 关于"学习的通用设计"的研究综述［J］. 文教资料，2012（7）：152-154.

生的学习和生活中，最大的障碍是沟通。只要沟通这个问题解决了，其他的一切问题都迎刃而解。学习通用设计的理念及技术方法对于帮助聋人大学生克服沟通障碍非常有用。要想让聋人大学生获得更多的知识，就要提高他们分析问题和解决问题的能力，激励他们保持旺盛的求知欲。为此，教师要在学习通用设计理念的指导下，对课程进行构建。把课程设计得更容易理解，让学生能够更容易有效地掌握知识和提高能力，有助于他们将来融入社会和为社会做贡献。

（二）课程设计思路

应在学习通用设计理念指导下，开发和建设"中国手语语言学"课程。初步设想：首先，进行教学内容的无障碍处理；其次，在《CAST通用学习设计指南》的指导下，为课程提供多样化的支持；最后，相应地调整或改变传统上一直沿用的有关学生课程学习成效的考核评价方式。

（三）课程培养目标

知识与技能：掌握中国手语语言学的各方面知识，提高手语的理解与产出水平。

过程与方法：通过学习，能够从语言学的角度审视手语、分析研究手语，进行手语和汉语的对比分析。学会采集、分析手语的基本方法。

情感目标：培养健康积极的心理，提高自信心、自豪感，增强社会责任感。

（四）课程内容框架

本课程的主要教学内容：语言学基础知识、聋人与手语、手语的发展与传承、手语的语音、词汇、语法、聋童的手语习得、国内外手语研究、手语采集分析和手语语料库建设等。课程内容的基本框架如下：

第一章 中国手语是独立的自然语言

【教学内容】

1. 语言学的基础知识

2. 中国手语是一种自然语言

【教学重点及难点】

1. 语言的基本属性

2. 手语是一门语言？

【基本要求】

了解普通语言学的基本知识

理解不同的"手语"的区别与联系

掌握手语语言学的基本观点和概念

第二章　中国手语的分析

【教学内容】

1. 手语采集和分析的方法

2. 手语分析软件 ELAN 的使用

【教学重点及难点】

1. 手语采集注意事项及实践

2. 手语标注方法

【基本要求】

了解各种分析手语的方法及其优劣

理解手语采集的方法，并能进行实践

掌握手语分析软件 ELAN

第三章　中国手语音系学

【教学内容】

1. 手语的构成要素

2. 手语的音节

【教学重点及难点】

1. 手语的构成要素

2. 手语的音节结构

【基本要求】

了解普通语言学中音系学的相关知识

理解手语的构成要素

掌握根据手语构成要素分析手语的方法

第四章　中国手语形态学

【教学内容】

1. 中国手语词的结构分析

2. 中国手语词的特殊构成规则

【教学重点及难点】

1. 中国手语形态学的基本概念

2. 中国手语的构词特征

【基本要求】

了解普通语言学中形态学的相关知识

理解中国手语的构词的结构

掌握中国手语特殊的构词规则

第五章　中国手语句法学

【教学内容】

1. 中国手语的语序问题

2. 中国手语句法规律

【教学重点及难点】

1. 语序的限制与自由

2. 中国手语的句法规则

【基本要求】

了解普通语言学中句法学的相关知识

理解中国手语语序基本与变化的规律

掌握中国手语的句法规则

第六章　中国手语的语义与语用

【教学内容】

1. 中国手语语义

2. 中国手语语用

【教学重点及难点】

1. 词义与语境的关系

2. 中国手语语用规律

【基本要求】

了解普通语言学中语义学与语用学的知识

理解中国手语的语用特点

掌握中国手语词义、句义与语境的关系

第七章　中国手语的习得与发展

【教学内容】

1. 聋人的手语习得

2. 中国手语的发展历程

【教学重点及难点】

1. 聋人学习手语与汉语的关系

2. 中国手语的发展变化

【基本要求】

了解聋人手语习得的特点

理解中国手语的发展变化

掌握手语与汉语的关系

（五）教学模式和方法

翻转课堂，任务驱动。本课程的授课对象是聋人，没有语言学基础，阅读理解汉语，尤其是专业文献的水平有限，手语是他们日常使用的语言。针对这种情况，要从他们熟悉的手语入手，多采用归纳的方法，带领学生自己发现规律，之后再介入理论，最后形成能在理论的指导下认识手语的目的。

精讲多练，讲要讲得通俗易懂，练要练到熟练掌握。

翻转课堂、小组学习等教学方法均可使用。

(六) 课程考核方式

考核方式注重过程考核和能力综合测评。平时成绩占70%，其中：出勤占10%，读书笔记占20%，田野调查占20%，手语分析占20%。期末考查占30%，采用开卷的方式，考查重要知识点的掌握情况。

本课程将进行试卷及作业提交方式改革，学生在本课程的学习中，可以选择作业及考试提交媒介，既可以是汉语文本形式，也可以是手语形式。

三、课程面临的问题

在近几年的教学实践中，我们发现课程存在以下一些问题。

(一) 教学内容

目前，无论教学对象是聋人大学生还是普通大学生，开设手语语言学课程的学校并不多。有几家有手语翻译专业的学校会开设一些类似课程，但教学对象是普通大学生。没有教材，教师自编讲义。教学对象是聋人大学生的也一样，没有教材，需要教师自编讲义。

课程初始，我们的教学内容参考了美国手语语言学、英国手语语言学等手语语言学教材，确定了大而全的教学内容。在上课过程中发现，由于学生没有语言学的基本知识，光是理解概念名词就是大问题，更谈不上深入探讨了。

听力的障碍制约了聋人对有声语言的学习。部分聋人的汉语水平不高，读不懂汉语，所以不愿意读；因为不愿意读，导致阅读量不够，影响了汉语的发展。这样周而复始，恶性循环。因此，需要深入研究教学内容的呈现方式和表达方式。

(二) 教学方法

由于听力损失程度、听力损失的年龄、受教育背景和口语康复效果等诸多因素的影响，聋人大学生群体在课程学习过程中具有个体差异大的特点。首先要解决的问题是，给聋生上课，教师应该采用何种语言进行教学。众口难调，有的同学希望教师用中国手语（自然手语）授课，因为他是手语使用者；有的同学要求教师用口语授课，因为他是口语使用者，主要通过看教师的口型获取信息；有的同学要求教师将所讲内容全部变成文字，因为他用手语和汉语口语接收信息都有困难等。如此大的差异，让教师感到很为难。这也是整个聋人大学生课堂教学中的困境。

随着技术的发展，语音识别技术进入聋人教学领域，开展了若干在聋人课堂教学中使用语音识别技术的实验。比如，北京联合大学特殊教育学院、重庆师范大学及北京第二聋人学校和IBM公司之间的合作项目等。语音识别技术提供的强大功能为实现听力残疾学生的无障碍教学提供了契机。在一个无障碍的教学环境中，教师可以利用语音识别技术，将授课时的语音信息实时转换成文本形式并显示给学生。此外，这项技术还可以生成多媒体形式的课堂笔记，供学生在课后通过互联网访问。实验者认为，运用语音识别技术创设无障碍教学环境，为聋生的学科教学提供了新的模式。在教学中，教师不仅可以利用语音识别技术清楚地表达教学内容，而且还可以让聋生们能够通过文本及图片等视觉媒体来进行沟通与交流。这项技术在计算机课程、聋校的语文课程中进行试用，取得了一定成绩。现在还有教师在使用此种方法进行教学。

这项举措是一种很理想化的教学模式，之所以没有大面积推广，技术不过关、识别的准确率不高是一个原因。随着技术的发展，这些问题都可以逐渐解决。问题的关键是，即使实时字幕信息伴随着教师的话语出现在大屏幕上，学生也只是识其字而不懂其意。和字幕工程一样，这项改革的基础仍然是聋人具备一定的汉语水平。

传统的课堂支持系统包括用学生熟悉的语言——手语进行知识传授，配备手语翻译，志愿者帮助做课堂笔记以及课后辅导等。这也是很好的方法，但是需要耗费大量的人力、物力。目前，这些方法在国内的实施者甚少。在国外，这方面做得比较好。聋人申请以后可以免费得到诸如手语翻译、帮做笔记等服务。

针对上述情况，我们从学习通用设计的角度，对课程进行了重新设计。

第二节　数字时代的阅读材料

学习通用设计的主要原则之一就是提供多种表达方式，为意思的理解提供不同的可选途径，其中包括四方面内容：激活或提供背景知识；突出模式、关键性特征、大概念和关系；指导信息加工，可视化和操作；作尽可能远的迁移与概括。

学生不愿意阅读教学材料的原因是看不懂。看不懂的原因，有的是背景知识比较少；有的是不理解词语的意思；还有的是句子太长或长定语、长状语修饰，找不到句子表达的中心意思是什么。

学生不愿看教师课堂上呈现的PPT，原因也是看不懂。看不懂的原因和看教学材料的差不多。所以，我们需要帮助学生克服这种看不懂文字材料的障碍。纸质教材和印刷文本难以实现这方面的突破，数字化的教学材料可以很好地解决这一问题。

一、数字阅读材料的形式

在美国学习通用设计的网站（http://udleditions.cat.org/）上，有七个非常好的范例。"互联网+教育"模式，使教学内容的多种形式呈现成为可能。

首先对故事进行简单介绍。

其次，在故事正文的行文中，画线的词语或短语配有链接。链接内容是对词语的解释，解释细致且图文并茂。看不看链接，由读者自己决定。

再次，文章读到几页之后，会加入回答问题阶段。有难易不等的几个问题供读者选择。

最后，菜单里面还有一些其他内容可供学习者使用。

经过调查发现，有几种方法可以帮助我们实现多种形式呈现教学内容的目标。

第一类是在美国学习通用设计的网站上,有一种学习通用设计图书生成器(UDL Book Builder),也就是可以自己制作电子书的编辑器。在网站注册之后,用户可以制作自己专属的电子书。

根据网站的提示,按照步骤填入要求的内容即可自动生成带有链接的电子书。不仅教师可以注册制作教学材料,学生也可以注册制作电子阅读材料。这是一个非常实用且简便的网站。但是,这个网站的界面显示和运行操作都使用英文,因而,学生们阅读和使用起来可能会遇到一定的障碍。于是,我们就又尝试其他的方法。

第二类是应用现在的电脑软件进行最简单的制作。比如,使用 Word 的超链接功能。

一种方法是建两个文件,如阅读文本是 A 文件,链接内容是 B 文件。在 A 文件中设置超链接的时候,第一步选择当前文件夹,第二步选择现有文件或网页,然后选择 B 文件。这样,文档在阅读视图模式下,只要点击带有下划线的文字,就可以链接到 B 文档。阅读完,直接关闭所链接的 B 文档,便可返回载有阅读文本内容的 A 文档。这种方法的优点是设置简单、使用便利;缺点是需要发给学生多个文件,多个文件要在同一个文件目录下,学生需要在多个文件中选择主文件阅读。

另一种方法是阅读文本和链接内容在同一个文档内。设置超链接的时候,选择本文档中的位置。要先制作书签,书签的位置在整个文档的结尾。然后,将超链接连接到相应的书签上。这样比较方便,给学生一个文本就可以了。但是,和上面的链接到文件不同,在这种情况下,链接到文档尾部的书签之后,需要再设置一个返回链接,才能返回到刚才阅读的位置。这种方法制作起来不如第一种简单,需要反复制作书签,设置超链接。

第三类是尝试使用 PPT 文件进行阅读文本的展示以及超链接的设置,但是因为每页 PPT 包含的内容比较少,阅读起来不够便利,最后放弃了使用 PPT 文件。

综合以上几种情况，最后选择用链接书签的形式来进行阅读文档的通用设计。

为了制作的便利，也为了便于学生能够利用零散时间进行阅读。我们将所有阅读文本分成了小段，每一个知识点使用一个文件或者两个文件。比如，"什么是中国手语"这一章节的阅读材料将近2000字，可以将其切分成两个文件："什么是中国手语（上）""什么是中国手语（下）"。同时我们采用 Word 文本加超链接的形式制作电子书，在课前发给学生阅读。

二、语言顺应论的启示

语言顺应论（Linguistic Adaptation Theory），也称作语言顺应理论的语用学（Pragmatics as a Linguistic Adaptation Theory），是瑞士著名语言学家、国际语用学会秘书长维索尔伦（Jef Verschueren）创立的一种语言学理论。❶

语言的使用是语言发挥功能的过程，或者说是语言使用者根据交际语境的需要不断选择语言手段，以达到交际意图的过程。在这里，顺应就体现为语言的使用环境和语言结构选择之间的相互适应。语言结构选择的实质是顺应，交际者需要顺应语境因素，从若干可能的话语方式中做出合理选择，以实现交际目的。❷

语境顺应论包括以下四个方面。❸

语境关系顺应：其中所述的语境既包括情境语境，也包括文化语境。语境顺应论是指在语言的使用中，语言必须和交际人和交际环境相适应。具体到教学文本的写作而言，就是要充分考虑到阅读者的汉语水平以及

---

❶ 谢少万. 语言交际顺应论［M］. 北京：民族出版社，2014：1.

❷ 何自然. 语用三论：关联论·顺应论·模因论［M］. 上海：上海教育出版社，2007：94.

❸ 吴丰清. 第二语言口语教师课堂提问的顺应性研究［D］. 南京：南京师范大学，2014.

他们阅读汉语的特点，以便让不同汉语水平的学生阅读后都能有所得，愿意阅读。

语言结构顺应：是指语言的使用必须符合话语建构的规则。阅读文本写作中词汇的选择、句式的选择都要和阅读者的实际水平相适应。比如，如果学生在阅读长句、复杂句式时有困难，那么文本的写作就要尽量做到深入浅出、概念明晰、举例恰当。

语言动态顺应：是指语言随着时间的演变和场景的转换不断发展和变化。阅读文本的写作也要根据内容的不同做出调整。

语言意图凸显程度：是指交际者的认知心理状态及在语言选择中凸显的程度。尽量采取各种方法，将文本要表达的意思凸显出来。

（一）语境

语境即使用语言的环境。语境一般分为狭义和广义两种。狭义的语境是指对语义的表达和理解影响较为直接的因素。比如，说话和听话的时间、地点、对象、场合以及话语的前言后语。广义的语境包括表达者和接受者的性别、职业、年龄、修养、生活经验、言语风格和方言以及当时的心情等，甚至还包括时代、社会的性质和特点。

英国语言学家莱昂斯（Lyons）归纳了语境的六个方面：

每个参与者必须知道自己在整个语言活动中所起的作用和所处的地位。

每个参与者必须知道语言活动发生的时间和空间。

每个参与者必须能分辨语言活动情景的正式程度。

每个参与者必须知道，对于这一交际的情景来说，什么是合适的交际媒介。

每个参与者必须知道如何使自己的话语与语言活动的主题相适应，以及主题和选定的方言和语言在多语社团中的重要性。

每个参与者必须知道如何使自己的话语适应该语言活动的情景所归属的语域。

（二）语境在语言交际中的作用

语境的作用是指语境对于言语的表达具有制约的作用。它是词语选择与顺应的出发点和依据。在语言交际过程中，词语的选择和顺应是经常发生的。其目的就是更准确、更恰当、更合理、更生动地表达思想感情，以获得最佳的交际效果。语境制约着言语的表达。词语的选择必须适应特定的语境。语境对言语表达的制约在范围、方向、内容和形式等方面都有所体现。从制约范围上看，语境制约包括以下内容。

整体制约：是指语境条件对全部言语活动的总的制约作用。比如，在演讲时，演讲当时的背景材料，演说者的动机和风格等都会对演讲的内容和手段产生总的影响。一个句子主语或者一个主题句句首的时间、地点状语等，一般也都会对全句的结构和内容起着制约作用。

部分制约：是指只有在一定的条件中才对言语活动和现象的某一部分或某些部分起到制约作用。

前后制约：例如，在对话中的承前省略。

上下制约：可以指文章的上下文，也可以指言谈中的前言后语。就文章这个层面来说，开头部分一般都是下向制约，而结尾部分则是上向制约。就话语层面而言，前言部分是下向支援，后语部分则是上向调节。

内外制约：指言语活动的内部因素同外部条件之间的相互关系。交际者的性格和当时的心理情绪感受等都应看作语境的内部制约。

外部制约：主要是指交际中交际者的言语行为要受社交场合、社交环境等因素的影响。

从内容上，语境制约包括以下三种。

主题制约：主要指文章或话语的主题内容对语言交际的进程和发展起着主导的作用。

文化制约：一般包括整个言语活动所处的文化氛围和社会环境，如政治的、经济的、思想的、风俗习惯的影响，但是也包括交际者个人的文化教育修养、性格情操、志趣和能力条件。

情境制约：情景制约主要指特定言语场合下的环境制约。

（三）语境的解释作用

语境的解释作用：是指语境如何指导和促成对话语的理解。

帮助读者从抽象概括的意义推断出具体特定的意义，帮助听者和读者越过话语的字面意义而理解话语中的暗含意思，或者帮助听者和读者推断言语目的，即同一话语可以用来达到不同的言语目的。或者帮助听者和读者理解话语中的反语，帮助听者和读者消除言语中的奇异现象，帮助听者和读者理解言语中的模糊含义。

三、阅读文本的写作

由于部分聋生学习汉语具有将汉语作为第二语言习得的特点。听力障碍影响了其汉语书面语的学习，所以写给聋生的汉语书面材料要深入浅出，有助于提高他们阅读理解的正确率。

（一）文本长度

阅读的知觉广度：是指阅读者在阅读的过程中每次注视和获取有用信息的范围，即阅读者一次注视能看多少信息。贝兰格、斯莱特里、梅贝里和雷纳（Bélanger，Slattery，Mayberry，Rayner）采用移动窗口的范式来考察熟练聋人和不熟练聋人读者与熟练听人读者在英文阅读知觉广度上的差异。同听人读者相比较而言，熟练聋人读者的英文阅读知觉广度要更大，不熟练聋人读者则和听人读者的知觉广度很相近。乔静芝、张兰兰和闫国利同样采用移动窗口的范式探讨了中国聋人大学生汉语阅读的知觉广度，研究发现聋人大学生与听人大学生的右侧阅读知觉广度的范围大体相同，而聋人大学生的左侧范围大于健听大学生。这就表明，聋人大学生汉语阅读的知觉广度大于听人大学生。❶ 聋人大学生左侧阅读

---

❶ 闫国利，刘璐，陈艳婷，等. 聋人阅读的眼动研究［J］. 心理科学，2017，40（03），553-558.

知觉广度为 2 个字，听人大学生为 1 个字，而聋人大学生和听人大学生右侧阅读知觉广度都是 2~3 个汉字。由于中文通常是按照从左到右的顺序进行阅读，阅读者需要将注意不断地指向右侧以获得更多的新信息。

结合国内外的研究，我们认为聋人读者的阅读知觉广度比听人读者要大，并且还具有非对称性的特点。聋人的这种知觉特点既有有利之处，也有不利之处。有利之处在于聋人可以将更多的注意力放在周围的事物上，当有潜在危险的时候，增强的视觉可以使得受损伤的听觉获得功能性的补偿，因而更有利于生存；不利之处在于这种知觉特点不利于聋生的阅读。根据注意资源的分配理论，聋人将更多注意资源分配给了副中央凹，使中央凹对文本的加工受到影响，从而影响了阅读速度。❶

针对芬兰语的最近研究表明，8 岁的芬兰儿童字母识别广度大概为注视点右侧 5 个字母，10 岁的儿童大概是 7 个字母，而 12 岁和成人读者则为 9 个字母。在不同的年龄组里面，阅读速度快的读者比阅读速度慢的读者具有更大的字母识别广度。这就表明，阅读速度快的读者不像阅读速度慢的读者那样要把大部分的加工资源集中在中央凹来注视字词。❷

综上所述，我们可以得出一个结论：至少语前聋的大学生加工文字阅读材料的速度比普通大学生要慢。

针对普通人的研究表明，文本长度、呈现方式以及文本类型对于篇章的阅读有一定影响。相较于阅读短篇文本，阅读中篇和长篇文本时更容易造成个体的"心不在焉"和疲劳，从而使专注于阅读加工的时间减少，最终导致阅读长篇文本的成绩劣于阅读短篇文本的成绩。在阅读常识知识和专业知识时，文本的长度和呈现的媒介之间交互作用很显著。在短篇阅读时，手机阅读成绩显著地优于纸质阅读成绩；在中篇阅读时，

---

❶ 鲍文慧，肖秦. 聋人阅读知觉广度的研究现状与展望 [J]. 现代特殊教育，2018（01）：54-56.

❷ 闫国利，巫金根，臧传丽，等. 阅读知觉广度眼动研究述评 [J]. 心理学探新，2010（02）：23-28.

手机成绩略优于纸质的阅读成绩，但是这种差异不显著；而在长篇阅读时，手机阅读成绩显著地低于纸质阅读成绩，即手机阅读更适合阅读短篇和中篇文本，纸质阅读则更适合阅读长篇文本。

文本的类型和文本的长度之间交互作用显著。在阅读短篇和中篇文本时，阅读专业知识的成绩优于阅读常识知识的成绩；在阅读长篇文本时，阅读常识知识成绩优于阅读专业知识的成绩。❶

有些研究者采用眼动分析法和回答文后问题等即时与延时相结合的方法，探讨了语言发展前全聋学生在篇章阅读过程中的眼动特点。结果发现：在语言发展之前，已经全聋的学生阅读记叙文的整体能力甚至同比他们低了3个年级的听力正常学生之间也存在着差距，主要表现在他们阅读文章的整体效率显著低于听力正常的学生。在语言发展之前，已经全聋的学生除了在注视次数和回视次数等眼动指标同比他们低了3个年级的听力正常学生之间存在着显著的差异，在其他的眼动指标上则均未见存在着明显的差异。在语言发展前，已经全聋的学生虽然同比他们低了3个年级的听力正常学生之间在文本信息的储存能力上没有明显的差异，但是，这种无差异都是以反复回视、增加注视点等为代价的。❷

综上所述，结合目前学生手机移动阅读的特点，阅读的文本材料按500~1000个字词作为一个阅读单元进行设置。这样，学生在5~10分钟的时间内可以读完并且能进一步理解所读内容。比如，在《语言符号的像似性特征》这一阅读单元中，阅读材料正文不到1000字。加上相关链接内容总共有1500字左右。因此，教师在准备教学阅读材料的时候要提前做好设计，围绕一个主题，写出不超过1000字的阅读材料正文。

---

❶ 金君敏. 呈现媒介与文本长度对中文篇章阅读的影响［D］. 福州：福建师范大学，2017.

❷ 贺荟中，贺利中. 聋生篇章阅读过程的眼动研究［J］. 中国特殊教育，2007（11）：31-35.

(二) 文本编排

阅读材料要不要插图,插图放在哪个位置合适,也是值得考虑的问题。

张弘毅以初中生作为被试,考察不同的图文呈现方式对于学生英语阅读效果的影响。他将被试分为四组:先图后文组、先文后图组、图文同时临近组、图文同时分离组。结果显示,图文同时临近组的阅读效果最好,先图后文组的阅读效果最差。❶ 这就说明,在插图和文字内容同时呈现时,读者能更好地、更快地获取文章中的信息和知识,更有利于提高阅读效果。

同样,图文组合方式也会影响听障学生的阅读理解,将插图和文字在时空上以不同的方式进行组合,会对听障学生的阅读理解产生不同的影响。研究者使用图文镶嵌和图文分开两种阅读材料进行试验,结果显示,听障学生和听人学生的图文分开成绩都比图文镶嵌成绩高。而与听人学生相比,听障学生的图文分开成绩与图文镶嵌成绩的差异更显著,其图文分开成绩更加优于图文镶嵌成绩。眼动轨迹显示,听障学生在阅读图文镶嵌材料时缺乏规律性,没有按照内容的先后顺序阅读,眼睛注视轨迹较乱。这就说明,在字数较多和阅读时间有限的情况下,图文镶嵌材料不利于听障学生的阅读理解。❷

心理语言学派研究者唐纳德(Donald)认为,阅读学习包括的不仅是对于孤立的正字法信息进行认知,还要在大量的信息中进行选择,包括图片、文字、多媒体和视频等材料,从词义中、语法中和正字法等相关信息中甄别和选取可用的信息,因此插图为信息的鉴别和获取提供了方便。也就是说,插图有利于学习者进行信息的加工和理解。美国学者

---

❶ 张弘毅. 插图类型与呈现方式对不同认知风格初中生认知负荷的影响 [D]. 开封:河南大学,2010.

❷ 张海燕. 听障学生阅读理解中插图效应的眼动研究 [D]. 西安:陕西师范大学,2014.

利维和伦茨（Levie and Lentz）曾对比研究过插图教科书和纯文本教科书的阅读效果，得出的结果是，插图教科书的阅读效果比纯文本教科书的阅读效果更加突出。这项实验的结果还表明，被试从有插图的文章中获取的信息量比从纯文本性文章中获得的信息量要多出25%。

随着科技的发展、网络的普及和人们生活节奏的加快，现代社会已经进入了所谓的读图时代。

在课程阅读材料文本的写作中适当加入插图，可以提高阅读效率。插图对文字水平较低的学习者可以起到良好的辅助理解的作用。在"中国手语语言学"课程材料中，插图主要是手绘手语图。因为教学对象是聋生，聋生是手语的主要使用者，他们熟悉手语，对艰深陌生的语言学概念不熟悉、不理解，但是他们可以通过手语例子反推理论，从而加深对理论知识的理解。

比如，在讲述手势汉语和自然手语在构词方面的差异时，阅读材料配上了两张手绘手语图。一张是手势汉语如何表达"认识"的意思，另一张是自然手语如何表达"认识"的意思。

［例6-1］认识（手势汉语和自然手语构词方面的差异）。❶

认识（手势汉语）　　　　　认识（自然手语）

在单纯地讲解手势汉语和自然手语在构词上的差异时，由于学生没有足够的语言学基础知识储备，很难理解这些内容。而出示例词以后，学生通过对例词的比较，就很容易明白两者之间的差异；反过来，也就

---

❶ 吕会华. 中国手语语言学［M］. 北京：知识产权出版社，2009：33-34.

能较容易地理解什么是构词法。

(三) 内容表达

如何解决学生看不懂阅读材料的问题呢?

从语言顺应论的角度来看,语言使用是语言发挥功能的过程,或者说是语言使用者根据交际语境的需要不断地选择语言手段,以达到交际意图的过程。在这里,顺应就体现为语言的使用环境和语言结构选择之间的相互适应。

给学生提供课程阅读材料的目的是什么?是为了让学生通过阅读这些材料,掌握学习内容。所以,我们给学生提供的阅读材料在语言的难度水平上要和学生的阅读水平相适应,从而使学生更愿意读、读得懂。

1. 长话短说,顺应学习者的语言水平

在阅读文章时,长句或者难句会影响读者对于文章的理解和阅读的速度。变长句为短句是一种很好的方法。

比如,在阅读材料中有这样的一句话:

> 据此,我们曾用北京手语斯瓦迪士100个核心词语对北京地区的听人大学生进行过"看手语猜意思"的调查。

这个句子比较长,需要改写。于是将其改写为:

> 根据上面的研究结果,我们录制了北京手语版的斯瓦迪士100个核心词语,用于对北京地区听人大学生进行"看手语猜意思"的调查。

在改写中,除了将句子改短以外,还将"此"字改为"研究结果",就是为了减轻学生的阅读负担,避免在阅读中学生因为可能会纠结"此"字所指代的内容而耽误时间。将"北京手语斯瓦迪士100个核心词语"改为"北京手语版的斯瓦迪士100个核心词语",加一个"版"字,使表达更清晰。

2. 用事实说话，顺应学习者的学习基础

中国手语语言学课程，是专语语言学类的课程，最好能在学生具备普通语言学知识的基础之后再学习。但是，聋生在这方面的基础是零，而且部分同学还是汉语第二语言的学习者。因此，这门课程的学习难度之大可想而知。破解这个问题的方法之一是使用举例法，使文字说明更加清晰。

例如，为了说明手语和汉语是两种不同的语言，两者之间并不像我们主观臆想的那样具有一一对应的关系，而是在两种语言之间具有不对称性，就像在手语和汉语之间具有不对称性一样，我们是这样来表述这部分内容的。

中国手语和汉语的词语不是一一对应的关系。

汉语：

他喜欢吃豆腐。

他喜欢吃酱豆腐。

他喜欢吃臭豆腐。

"豆腐"在汉语中的发音是一样的。在中国手语中，"豆腐"和"酱豆腐"或"臭豆腐"中的"豆腐"表达方式不一样。

【例6-2】豆腐

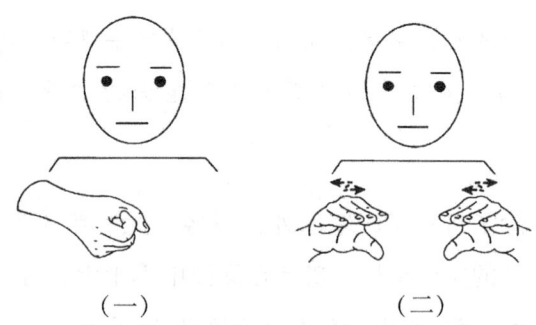

（一） （二）

豆腐：（一）一手拇、食指捏成小圆形，虎口朝上，如豆子大小；（二）双手五指成 [ ] 形，指尖朝斜前方，左右微动两下。

【例6-3】酱豆腐

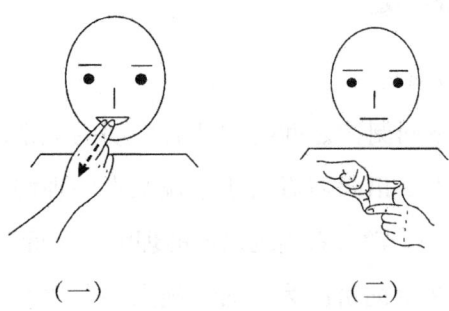

酱豆腐：（一）一手打手指字母 H 的指式，摸一下嘴唇；（二）双手拇指、食指搭成小正方形，表示方形腐乳。

【例6-4】臭豆腐

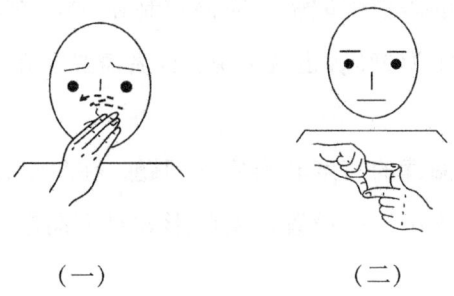

臭豆腐：（一）一手在鼻前左右扇动几下，面露厌恶的表情；（二）双手拇指、食指搭成小正方形，表示方形腐乳。

同样，有一些相同的手势，在不同的语境中，可以表达多种意义。

【例6-5】不喜欢，不愿意；不幸，灾祸，倒霉；不信，不信任

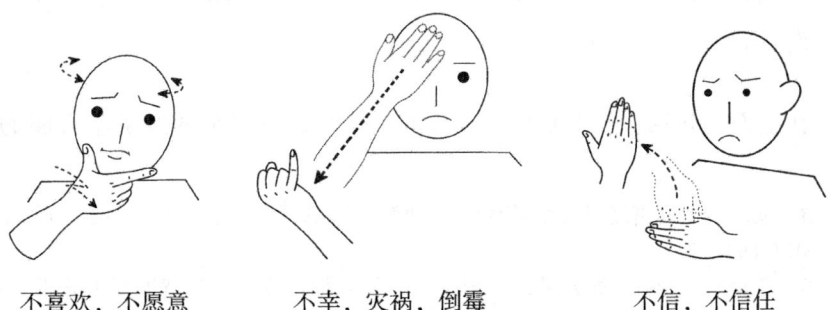

不喜欢，不愿意　　　　不幸，灾祸，倒霉　　　　不信，不信任

四、链接内容的确定

（一）生词量与阅读

文本中的生词量同阅读之间有着比较密切的关系。有研究者调查在四种生词密度条件下二语学习者对于小说文本的理解程度。在生词密度达到20%时，没有一个学习者实现足够的理解（在标准总分是124分中，得分达到70分）；在生词密度为0时，绝大多数学习者都实现对于文本意义的足够理解；在生词密度是10%时，仅有个别学习者达到足够的理解；在生词密度5%时，足够理解的人数比前者略多些。但二者综合得分仍然仅占总数的一小部分。因此，他们得出结论，要实现对于文本的足够理解，文本阅读的语篇生词密度应该控制在0%~5%这个范围，并且建议将生词密度确定为2%。也就是说，读者需要掌握98%的单词才能实现成功的理解。

为了解决学生阅读的速度和准确性问题，在尽量控制文本生词量的情况下，可以在文本中，以设置链接的形式对生词进行解释，以减少学生的阅读障碍。

生词既可以是学生不认识的新词，也可以是虽然字面意思都明白，但是语境意义不清楚的词语。❶❷

例如，在我们编写的阅读材料中有这样一句话：

  推广国家通用手语，可以减少学习手语的成本，有利于聋人的发展。

在上面这句话中，"成本"这个词是一个比较复杂的经济学方面的词

---

❶ 安璐. 生词密度对大学英语阅读理解的影响［J］. 当代教育实践与教学研究，2017（9）：35.

❷ 王怿旦，金叶，范从从. 二语字幕影视生词密度及词汇宽度要求分析［J］. 中国海洋大学学报（社会科学版），2018（2）：110-118.

语，网上的解释比较复杂，学生阅读起来有一定困难。这时，我们可以在这句话中"成本"这个词语上设置一个链接，及时地将"成本"这个词语在本句话中的意思讲清楚。链接部分的内容可以这样写：

> 成本在这句话中包括经济成本和非经济成本。成本既包括金钱，如学习手语要交的学费，也包括时间、精力等，时间、精力也是付出，也是消耗，但不是直接消耗的金钱。

（二）背景知识在文章理解中的作用

背景知识对推测文中生词意义、对文章不同部分信息的整合、推测文章字里行间含义等都具有非常重要的作用。有些研究认为，阅读能力高的聋人能够利用背景知识对文章不同部分的信息进行整合。当然，也有些研究认为，聋人不能利用上下文和先前知识来对文章进行信息整合。

聋生读不懂文章内容，是不是和背景知识的匮乏有关系呢？有研究证明，背景知识对于聋生理解词语会有影响。[1] 背景知识缺乏，是聋生阅读的一大障碍。

在阅读中经常会出现这样的情况，字都认识，但是不知道词语的意思。尤其是像手语语言学这样的课程，专业词汇比较多，学生阅读文本材料的难度更大。这样的词语和上面所说的生词不同，具有专业性。例如：

> 手势汉语是一种人工语言，是在口语语法的基础上，再加上手语，以配合口语进行操作的语言。注意，手势汉语是人工语言。

"人工语言"是什么？需要给学生进行解释。

下面是阅读材料链接部分对"人工语言"的解释。

---

[1] 郭强，冯建新，王庭照. 世界知识对聋生词语理解的影响 [J]. 中国特殊教育，2016（1）：22-29.

人工语言

人工语言就是人造语言。是某些人为了各种目的，自己创造出来的语言。最著名的人工语言是世界语。世界语是波兰籍犹太人柴门霍夫博士1888年在印欧语系基础上创立的一种语言。

精灵语是《魔戒》作者发明的一种语言。《魔戒》作者托尔金发明的各种中土世界的语言，也是人工语言，包括精灵语、矮人语。

这段内容在真实的阅读材料中，是配上了图片的，通过图片直观地告诉学生世界语什么样，世界语的发明人是谁等。图文并茂，有益于学生对内容的理解。

五、链接内容的写作

链接内容写作和阅读文本写作具有同样的要求，甚至比阅读文本写作的要求还要高，需要深入浅出、通俗易懂地进行讲解，不能直接地链接词典或网络内容，而是需要教学设计人员根据学生的汉语水平、背景知识的储备等实际情况，进行重新编写。比如，前文中对于"人工语言"的解释。

链接内容的写作是所有步骤的最后一步。需要注意的是，要避免陷入循环解释。

六、随文提问的设计

在学生阅读材料时，随文提出问题供学生思考，同样也能起到很好的提示。

图6-1显示了如何在阅读材料中进行随文提问。由于班内学生水平参差不齐，为了使每一个学生都能在自身基础上有所提高，"想一想"的内容就应当分层次。既要有简单的文字理解题，也要有需要经过一定时间的思考才能回答的题目。

《语言引论》一书归纳了所有语言共有的几个事实：
(1) 凡有人类生存的地方就有语言。
(2) "未开化"的语言是不存在的——一切语言都同样复杂，都能同样表达现实世界的各种观念。任何语言的词汇都能增加表达新概念的新词。
(3) 一切语言都随时间演变。

《语言引论》（An Introduction to Language）深受学生、教师和语言学爱好者欢迎，多次修订再版，长盛不衰，已被译为多种语言，是世界范围内最畅销的语言学教材之一，至今还没有一本语言学入门图书能引起如此大的关注与反响。本书以简驭繁、举重若轻，涵盖了语言学和相关领域从理论到方法的基本知识与最新进展，可以让学生领会语言学的科学性，引导他们接触语言学前沿状况，对于语言学、心理学、计算机等专业不同层次的学习者都是堪称经典的语言学理论教材。

本书语言材料非常丰富，尤其注重展示罕见的语言现象，有助于学习者领略语言的多样性，尤为难得的是讲解深入浅出、引人入胜，也是普通读者了解语言学的理想读本。
引自https://book.doubuan.com/subject/26576535/

(1) "未开化"这个词在这句话中是什么意思？
(2) 中国手语可不可以增加表达新概念的新词？
(3) 年轻聋人的手语和老年聋人的手语有区别吗，为什么？

图 6-1 随文提问举例

第三节 多种形式呈现教学内容

学生对课堂教学语言的需求表现出极大的差异。如果想满足学生的个性化的需求，应该在有 FM 设备的教室里授课。教师使用口语讲课，佩戴助听器和耳蜗的同学可以借助助听设备听教师讲课；手语使用者可以观看手语翻译的翻译；听不清又不会手语的同学可以观看速录人员根据教师的讲课内容做出的速录，或者观看语音识别软件识别出来的文字内容。

但是，目前的班级授课制度不能满足大差异班级学生个体的要求，即使是划分为几个类别，也不能保证满足所有学生的需求。差异是客观存在的，这就对教师的教学提出了挑战。

目前，我们所能采用的方法就是在普通教室上课的时候，将屏幕划开成双屏模式：一屏用于显示课程提纲，也就是 PPT；另一屏用于显示语音识别的内容。教师采用一边说话，一边打手势的方式。

专业教室和普通教室不同。专业教室在设计之初就已经设计了双屏，一屏用于播放PPT，另一屏用于进行语音识别。尤其是安装了科大讯飞语音包的教室，语音识别效果好，比较便利。

但语音识别也存在着以下两个问题：

第一，语音识别质量的问题随着技术的发展，会不断改进，准确率会提高，甚至有望达到百分之百。大家觉得不甚满意的文字出现方式问题也会改进。目前最大的问题是，语音识别非常考验学生的汉语阅读能力。需要学生具备长时间快速阅读和快速抓取信息的能力。

第二，教师为了语音识别的需要，要一边打手语一边说口语，这样两边不讨好。口语会因为有手语的干扰，而变得枯燥简单且不流畅；手语会因为口语的干扰而变为手势汉语。手势汉语是按照汉语的顺序打手语，有时为了配合汉语的节奏，会加上一些无用的手势。手势汉语的缺点显而易见，就是有部分使用手语的学生看不懂。一边打手语一边说话，最初的目的是想照顾到不同需求的学生，结果是两边不讨好。

在这个过程中，我们也想了不少的方法，希望让课程符合学习通用设计的要求。目前，除了给学生提供通用设计的文本阅读材料以外，制作教学短视频也是其中一种方法。通过制作教学短视频，实现用多种形式呈现教学内容。

短视频的设计是基于学习通用设计理念的设计。也就是说，在课程设计之初，就考虑到各种不同的需求，将各种需求考虑之后再合理布局（图6-2）。

第一，主讲教师和翻译。因为涉及手语翻译，手语翻译和主讲教师是同步出现的。如果屏幕上同时出现两个人，会影响学生观看。学生会在两个人之间游离，不知道看谁好。所以，在制作教学短视频的时候，采用了手语翻译出镜（手语翻译必须出镜），主讲教师不出镜，主讲教师的形象以Flash小动画的头像代替。❶ 这样，以口语为主的学生，可以用

---

❶ 本系列视频中的教师头像是主讲教师的聋人学生帮助教师制作的，生动形象，符合教师本人形象。

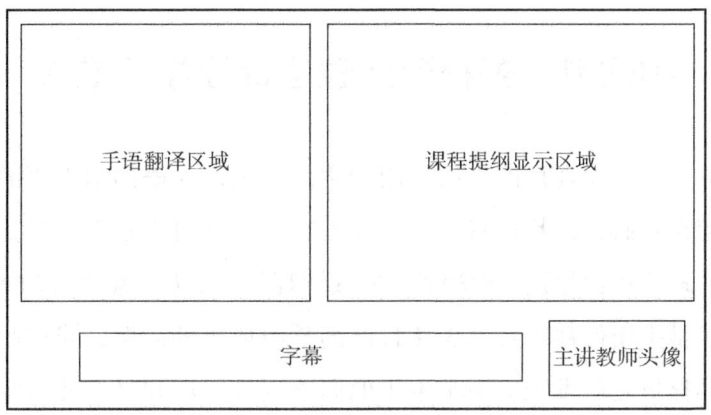

图6-2 教学视频片段示意图

听的方式学习本课内容。如果愿意,还可以在听讲的同时,看手语翻译精彩的手语,附带进行手语的学习。因为观看本课程的群体都是对手语感兴趣的。

第二,手语翻译占空间的三分之一,也可以占到二分之一甚至更大。画面大,手语表达清晰,以便使用手语为主的学生看手语进行课程的学习。学习者也可以通过同时看字幕,将手语和汉语的概念对应上,附带进行汉语学习。

第三,课程提纲显示区域是使用口语的聋人和使用手语的都需要的。

第四,教学短视频的字幕,可以随时停下来进行回看,使那些阅读文字有困难的群体可以反复阅读。

第五,口语是主讲教师的原声录音。这部分内容听人和听力比较好的聋人都可以使用。

多种形式呈现教学内容,不同群体的学生可以各取所需,又不互相干扰。好的学习通用设计的教学短视频,就像通用设计中的坡道一样,建立坡道的本意是为了方便轮椅使用者出行。但是,坡道受益的不仅是轮椅使用者,推婴儿车的人、老人、腿脚不灵便但又没有坐轮椅的人,甚至身强力壮的运货人员都可以使用坡道。多种方式呈现教学内容,可以使更多的人参与学习,学得更好。

第四节 多种形式表达课程学习成果

部分聋生，尤其是以手语使用为主的聋生，汉语的书面语的阅读和写作都存在障碍，尤其是写作，日常内容的表达可以过关。但是，遇到专业性、理论性比较强的课程时，完成课程作业的难度就会比较大。

关于学生用何种形式来表达自己的学习成果的问题，我们师生经历了多次的挫折之后发现，当学生用他们感到最舒适和最有能力掌控的语言来表达思想的时候，结果是最好的。

在之后的教学中，无论是平时作业还是期末考查，教师都要给学生选择余地。第一，不再单一地布置必须使用汉语书面语完成的作业。作业当中有可以用汉语书面语完成的，也有可以用手语完成的。学生可以自行选择。这样一来，使用手语为主的同学和使用汉语书面语为主的同学都可以有展示自己的机会。第二，同样的作业，学生可以自己选择是用中国手语来完成还是汉语来完成。不过无论是用中国手语完成还是汉语完成，都要符合学术规范。

第五节 教学方法的学习通用设计

一、聋生希望教师做的 10 件事

聋人/听力障碍学生技术教育中心（Technological Education Center for Deaf and Hard-of-Hearing Students）介绍了聋生/听力障碍学生（D/HH）希望教师做的 10 件事。[1] 这 10 件事对我们在教学中改进教学理念有一定

---

[1] DeafTEC. Top Ten Things Deaf and Hard-of-Hearing Students Would Like Teachers to Do[EB/OL].[2020-07-13]. Technological Education Center for Deaf and Hard-of-Hearing Students. CCTA, connectedtech. org.

帮助。因为美国和中国对听力残疾人的划分标准不一样。他们将听力残疾人分为聋人和听力障碍者。在后面的介绍中，我们将聋生/听力障碍学生统称为聋生。

（一）在课堂或者实验室不要使用像"这"和"那"这样的指示代词

例如，在实验室里，在谈论事物时，不要使用像"把这些东西移到那边"这样的句子，而应当使用专用名称（包括技术术语），如"将这个烧杯挪到窗边的桌子上"。要让聋生和翻译（或者字幕员）有时间提及所述的事物或者地点，以便于他们能够建立适当的联想。教师把话说得更具体一些，无论是聋生还是普通学生，理解起来都会更容易。

（二）提前把PPT和讲稿发给学生

把PPT和讲稿提前发给学生，以便于他们更好地预习，做好课前准备。同时，也要提供课堂讨论的背景材料。此外，这些材料也要发给课堂支持人员，如翻译、笔记员、残疾人导师和字幕员等。材料形式不一，最好是纸质材料，但是也可以采用其他形式，如电子邮件或者网络发布等形式。

（三）对所有的学生都一视同仁

尽管不同的学生在技能水平和理解能力上会有一些差异，但是，既然他们报名来听课，那么他们就是想来学习的。务必要注意，虽然聋生可能有某些特殊的需要，但是他们基本上都和听人学生并没有多大的差别。你要为整个班级定下这个基调。也许你还没有自觉地意识到这一点，即一定要同等地看待所有的学生，对所有的学生都一视同仁。

（四）态度要积极灵活

积极灵活的态度对所有的人都有好处。在学生的眼中，你就是他们学习的楷模，就是他们模仿的榜样。建议你在课堂上坦诚地同聋生进行交流互动。

（五）手语翻译并不总能准确地转达学生的意思

当手语翻译在为学生做翻译时，你要有耐心。聋生们的沟通技巧同样也是各种各样的。如果你没听明白学生的问题或陈述，可以要他再重说一篇。同时，也要考虑到，翻译可能没有准确地转达意思，或者可能也需要有更多一点的时间和学生确认还没明白的信息。

（六）给信息处理留出必要的时间

要放慢节奏。我们知道做到这一点可能不太容易。但是，无论对于聋人还是听人学生来说，课堂教学节奏过快都会成为一个严重的问题。教师要意识到，在你讲完后，手语翻译员再把你讲的内容翻译给聋生，这期间大约需要有5~10秒的处理时间。这个处理时间很重要，特别是在课堂互动中更是如此。如果你想要学生更充分地参与（如回答问题、陈述观点、举例说明等），就要给翻译留出必要的时间，在你的话得到充分地翻译之后，再要学生们参与。这样做能让所有的聋生都有平等参与的机会。

（七）在演示视觉材料时（如播放PPT或者使用实物投影仪播放材料等），要留给学生充分的时间阅读图片中的文本，不要急于进行下一步

这样做，学生们不仅能充分地阅读和理解演示的材料，而且还能最大限度地减少以后的困惑。总之，要留给聋生充分的时间阅读演示的材料，然后教师再进行讲解。

可以使用实物投影仪或其他可视化工具把文本信息投放到投影幕布或者电视屏上。这样，聋生不仅能够研习屏幕上放映出来的文字信息，而且同时还可以接收手语翻译传达过来的信息，因而让所有的学生都能直接地将演示的文件同讨论的信息紧密地联系起来。

（八）第一次上课要把聋生安排在前排座位

主要是想让所有的学生都能看清教师。聋生要坐在前排以便能看清教师、手语翻译、字幕和其他资料。但是，这样的安排也会引起一个问题：当听人学生发言时，聋生不知道谁在说话。在这种情况下，建议教师说出发言学生的姓名，让发言的学生稍停片刻，让其他学生都能知道发言的学生是谁，然后再让发言的学生开始发言。如果不能顺利地进行沟通，教师可以再复述一遍刚才发言学生的发言。

(九)在形成小组以前不要逼迫聋生们进行小组合作,要私下询问聋生在小组作业中的偏好

课前要询问聋生对分组有什么偏好,是不是需要配备手语翻译、字幕员或者速记员。这样做有助于找到最能适合现有环境和资源的最佳办法。强行分组可能会产生令人不快的局面。

(十)激光笔的光点要长时间地停留在指示目标上

激光笔的光点长时间停留在指示目标上,能够使聋生更容易知道教师讲到什么地方,阅读指示的内容,有助于将学生的注意力始终吸引到教师(翻译或字幕员)这儿。

二、课前:为学生提供文本阅读材料和视频阅读材料

(一)文本阅读材料

为了使学生能够在课前对上课内容有所把握,在课前通过各种渠道,为学生提供基于学习通用设计理念改编过的阅读材料,也就是在上面小节中提到的数字化阅读材料。各教学平台都可以提供阅读跟踪统计,这样可以督促学生做好课前阅读工作。

通过教学平台提供的阅读材料,是经过教师精心处理过的文本,降低了学生的阅读难度。

(二)视频阅读材料

视频阅读材料包括两大类。

第一类是"中国手语语言学"课程教学短视频。这类视频是配合上课的主题,提前发布的教学短视频。教学短视频是基于学习通用设计的理念制作的。在教学语言上,提供手语翻译、教师口语讲解以及字幕和PPT服务。不同语言需求的学生可以根据自己的需要选择不同的教学语言进行学习。同教师课堂教学相比,教学短视频的优点是学生可以反复观看;缺点是不能及时地反馈以及同教师进行互动交流,有些内容即使通过反复观看也解决不了问题,可能会阻碍学生的学习进度,进而降低

学生的学习热情。

第二类视频材料是手语视频资料。这部分视频包括优秀手语使用者提供的一些精彩的手语视频、手语艺术，以及一些手语知识的小视频。比如，香港中文大学录制的《不要用聋孩子的未来做赌注》，讲解人用中国香港手语讲解，字幕是繁体字字幕。如果只在上课时给学生播放一遍，学生接收的信息会很有限。将其放入教学平台以后，学生可以反复观看，甚至可以和家长一起观看，大家一起讨论聋童的语言选择问题。

三、课中：精讲多练，注重从实践中来，到理论中去

关于教学方法，国内外教育家有不同的界定。例如，根据教学方法的外部形态以及在相应的形态下学生们认知活动的特点，李秉德教授把中国的中小学教学活动中常用的教学方法分为五类。我们说"教无定法"，就是说，在教学实践中，教师需要选择适合学生知识水平以及认知特点的教学方法。下面，我们结合李秉德关于教学方法的分类方法，讨论基于学习通用设计的课程的教学方法。

第一类方法："以语言传递信息为主的方法"，包括讲授法、谈话法、讨论法和读书指导法等。

主要是教师通过运用口语向学生教授相关知识、技能以及培养学生独立阅读以书面语言为主的文本的教学方法。教师和学生在教与学的过程中传递的知识信息，主要是靠书面语言和口头语言的表述来实现的。这也是中国目前应用最为广泛的一类方法。

这种方法也是目前聋人教育中使用比较多的教学方法。像"中国手语语言学"这样的社科类课程，选择以讲授、谈话、讨论及读书指导为主的方法，似乎无可厚非。但是，如果在课堂教学中以此为主，则往往会忽略了聋生沟通的主要问题。聋生在学习生活中最大的障碍是什么？是沟通。聋生的沟通情况又非常复杂。部分聋生具有将汉语作为第二语言学习的特点，在阅读书面语（接收信息）和产出汉语书面语（输出信

息）的过程中都有一定的困难。教师讲解的时候，需要配合手语进行讲解。正如之前所言，大多数聋生的教师都是听人，他们的手语是第二语言，手语不够娴熟，手势汉语较多，结果导致使用手语的聋生通过支离破碎的手语只能接收到支离破碎的信息。部分聋生虽然带有助听器、人工耳蜗，或者本身仍然有残余的听力，但是这些辅助工具或者残存的听力要想发挥作用，就需要具有比较安静的环境，近的距离，熟悉的人发声，以及面对讲者等条件。只有具备了这些条件，他们才能够通过读唇等方式较好地获取外来的信息。而一旦某个因素发生变化，都将会影响到他们对于外来信息的接收。

由于特殊教育学院聋生的异质性，即使是手语非常熟练的聋人教师进行讲解，也不能满足所有学生对教学语言的需求。因为有些学生可能看不懂手语。综合使用手语、语音识别技术也只是一个权宜之策。

所以在大差异的聋生班级中，使用以语言传递信息为主的方法，需要结合其他的方法一起使用。比如，和第二类"以直接感知为主的方法"一起使用，这样效果才能比较好。

第二类方法："以直接感知为主的方法"，包括演示法、参观法等。

这类方法是教师通过对实物、直观教具的演示、组织教学参观等教学活动，使学生利用自己的各种感官，直接感知客观事物、现象而获得知识信息的方法。这类方法的突出特点是具有较强的形象性、直观性、具体性和真实性。在教学实践中，如果能够同以语言传递信息为主的方法结合起来运用，这类方法就能够取得更好的教学效果。在各种教学实践中，演示法和参观法是最常用、最主要的两种教学方法。

"中国手语语言学"课程第三版讲义在体例和语言表述方式上都进行了一些改进。就体例而言，第三版讲义不再单独地设立普通语言学理论的章节，如音系学部分，不再使用大量的篇幅讲解音系学的基础知识，而是选择几个点，将音系学的知识和手语结合起来进行讲解。这样学生可以通过自己所掌握的手语技能来促进对于知识的理解。比如，在音系学理论中，有响度等级假设。假如以这个点作为切入点，给学生做讲解的话，由于学生听不到声音，感觉不到有声语言的声音信息，所以也就不能体会响度等级假设。但是，假如能够结合运用手语进行讲解，先讲解视觉响度等级假设，这样学生就能够通过自己的语言理解这一理论。

第三类方法："以实际训练为主的方法"，包括练习法、实验法、实习作业法。

这类方法是以学生的实践活动为主要特征的。它借助实践性的教学活动来引导和推动学生的认识向深层次发展，进而巩固和完善学生的知识、技能和技巧。在教学实践的过程中，这类方法主要有练习法、实验法、实习作业法等。

在"中国手语语言学"课程教学中，这种"以实际训练为主的方法"，是一种很适合聋生的教学方法。比如，在学习手语的过程中，最重要的一个特点就是类标记。具体操作手法：首先，使用"以直接感知为主的方法"的演示法，教师可以有意识地选择使用类标记特别丰富的手语视频让学生观看。其次，引导学生总结和归纳出什么是类标记，类标记的特点有哪些，等等。再次，采用"以语言传递信息为主的方法"，针对类标记这个知识点向学生们做出讲解，并进行总结归纳。最后，采用"以实际训练为主的方法"，让学生们自行地组合，两人一组，使用手语讲述某个指定的图片故事。自行组合是为了使手语水平高或低的学生有一个互相学习和互相帮助的机会。在分组的时候，要暗示那些手语水平较低的同学赶快寻找到手语水平较高的同学结伴成组，一起完成任务。在描述某个指定图片中故事的时候，如果能够巧妙地使用类标记结构，那么，故事可能就会讲述得更加生动、更加简洁。对于这样的实训，学生们的热情都非常高，往往会反复地录制视频，寻找最适合自己的表达方式。在这样的寻找过程中，他们也就加强和加深了对"类标记"这个知识点的掌握。最重要的是，学生们知道了如何使用类标记结构可以大大地提高自己的手语水平。

第四类方法："以欣赏活动为主的教学方法"，如陶冶法等。

这类教学方法，是教师在教学活动中结合利用教学的内容和艺术的形式创设一定的情境，让学生通过体验客观事物的真、善和美，陶冶情操、增强兴趣、确立理想和提高审美能力的方法。这类教学实践的方法主要是欣赏法。欣赏法在不同的学科教学中表现为三种不同的类型：一是艺术美和自然美的欣赏（如对于音乐、美术、文学作品和大自然的欣赏）；二是道德行为的欣赏（如对于政治、历史、语文等教材中所表现的道德品质或社会品德的欣赏）；三是理智的欣赏（如对于科学研究中追求真理、严谨求实、发明创造、大胆探索精神的欣赏）。欣赏活动的教学方法着重于培养欣赏的鉴赏能力和社会价值观念。

在"中国手语语言学"的课堂上，让学生欣赏到精美的手语、提高手语审美能力，也是教学任务之一。因此，在上课的过程中，教师会时不时地给学生放一些手语艺术作品，供学生欣赏。

在起始课的教学中，学生对于一个提问的回答是令人始料不及的。教师问道："不同听人的汉语水平有高低之分，有的人汉语水平高，有的人汉语水平低，是不是？"学生的回答是肯定的。

教师接着问："不同聋人的手语水平同样也有高低之分，有的人手语水平较高，有的人手语水平较低，是不是？"有不少学生的回答却不是肯定的。

怎么办？用事实说话是最好的办法。于是，教师就给学生播放了聋人的同题手语故事。聋人A和聋人B讲述同一个故事。先播放聋人A的，故事讲得很精彩，学生表示聋人A的手语很好；接着又播放聋人B的手语视频，聋人B是国宝级的优秀手语使用者，学生完全沉浸在他的手语之中。视频播放完了以后，教室里响起了掌声。这时不需要教师多说，学生已经了解到了聋人手语也有高下之分。而且对比自己的手语，也会发现差距。这就激发了学生学好手语语言学，提高手语水平的斗志。

第五类方法："以引导探究为主的方法"，如发现法、探究法等。

这类教学方法主要是教师组织和引导学生通过自己的独立探究和研究活动来获取知识的方法。其特点在于学生在探索、解决和认识任务的过程中，学生的独立性得到了充分发挥，从而逐步达到培养和发展学生的探索、研究和创新等方面的能力。在这类方法的实施过程中，教师引导学生尽可能地发挥他们自己在学习中的自主作用。教师的作用更重要的是体现在为学生设计适宜他们进行探索和研究的情境，提供相关的资料，引导他们开展有目的的探索活动，帮助他们形成"发现"的结论或结果。这类方法主要是发现法（也称探索法或研究法）。

在这门课上，虽然学生的语言学知识积累不多，手语语言学知识积累也不多，但是他们大多数人毕竟还是都有一定的手语基础，因此，在教学中使用探究法仍然不失为一条可行之道。

在讲到"语言符号的任意性""语言符号的像似性"等话题时，不妨采用探究法。

例如，可以让不同生源地的学生组成小组，使用斯瓦迪士基本词表100词或者家庭树进行方言手语的调查，这样就可以让学生们明白，不同的方言在称呼同一个概念的时候也会有所不同，体现出语言符号的任意性。教师要求学生们保存这个调查的结果，等到讲述手势的构成的时候，再用这个调查结果作为分析手势构成五要素的语料。同样的语料，在分析五要素之后，学生可能又会有新的发现。

在讲到"语言符号的像似性特征"以后，教师可以要求学生自己录制10~20个高像似性的手语词，从而体会什么是像似性。

本小节的标题是"课中：精讲多练，注重从实践中来，到理论中去"。所谓的精讲，就是要把要点讲述清楚。加上课前的预习以及课中教师的讲解，让知识点能够清晰地呈现给具有不同需求的学生。所谓的从实践中来，就是指学生对于理论知识的理解，而深入的理解是通过实践活动来完成和实现的。实践是手段，但不是最终的目的，最终的目的是让学生掌握理论知识。

教学中的分组等活动照顾到了不同手语水平的学生的学习需求，体现了大差异班级中的公平原则。

四、综合实践活动

这门课的目的就是要引导学生从语言学的角度认识手语，重新审视自己日常使用的语言——中国手语，为更好地使用手语和研究手语打下基础，最终有助于今后更好地参与社会生活，提高自己的生活质量。课程的主要内容：语言学基础知识，手语的语言学性质，手语的发展与传承，手语的"语音"、词汇、语法，聋童的手语习得，国内外手语研究和如何采集分析手语等。

根据上述课程目标，为了巩固课上的学习成果，要求学生在课后多做练习，多进行实践活动，也就是要开展"以实际训练为主的方法"中的实习作业法。实习作业有以下两种。

（一）手语推广

学院有以聋生为主力、以手语推广为主要任务的学生社团——手语者社团。学校鼓励学生积极地参与社团活动，用正确的理念向听人推广手语。目前，社团的活动开展得有声有色，不仅导致整个学院的学生对于手语的认识都有所加强，而且在向外推广手语方面也得到了很多高校社团的好评。

（二）鼓励学生参与同手语有关的科研助理等工作

学生学习了手语知识，如何将手语知识和自己的日常学习相结合呢？鼓励学生参与教师的科研项目，做些力所能及的工作，不仅有助于学生巩固手语语言学的知识，而且也有助于锻炼学生们的工作能力。

教师在上课的时候，要注意观察，选择手语好且理论知识扎实的同学，邀请其参与手语相关的学校工作。比如，审核性评估活动就要求学生应知和应会手语版本材料的录制，教师申报的同手语相关的科研项目，手语采集工作，手语标注转写工作等。这些应知和应会的要求对于学生巩固知识，提高能力起到了促进作用。上过手语语言学课的学生当中会有一些出色的学生，可以将其培养成为活跃在校内外的手语主力。他们将会用精彩的手语、先进的理念和牢固的手语语言学知识服务和回报广大的社会。

五、混合式教学模式

在教学中如何使用这些教学短视频呢？对于聋人大学生的课堂，我们尝试的方法有两种：第一种是翻转课堂的形式，将教学短视频在课前就向学生发布，要求学生进行自学，在上课的时候，先对知识点进行考察。目前，我们借用蓝墨云里面的部分资源发布资料，用测试板块对学生进行测试。在知识点考察完毕之后，再接着进行课堂的讨论以及完成作业等内容。在讨论的时候，聋生可以使用蓝墨云的讨论板块输入文字发表意见，也可以站起来用手语发表看法。第二种方法是将教学短视频作为课堂教学的一部分，在上课的时候播放，带着学生一起学习，教师随时监控学生的学习情况，一旦出现学生不明白的情况，马上停止播放教学短视频，组织学生进行讨论，教师进行及时的解答。这两种方法各有优劣。因为教学短视频的内容是高度浓缩的，所以部分学生在学习难度比较大的课程中会遇到一些困难，这就需要教师最好能够带领学生一起学习。

参考文献

[1] 刘斌. 利用"学习通用设计"让融合教育落地 [N]. 中国教师报，2018-12-12 (3).

[2] 郑东辉. 什么样的课程方案评价是好的评价 [J]. 当代教育科学，2011 (16)：13-15.

[3] 秦宗南. 关于"学习的通用设计"的研究综述 [J]. 文教资料，2012 (7)：152-154.

[4] 谢少万. 语言交际顺应论 [M]. 北京：民族出版社，2014.

[5] 何自然. 语用三论：关联论·顺应论·模因论 [M]. 上海：上海教育出版

社，2007．

［6］吴丰清．第二语言口语教师课堂提问的顺应性研究［D］．南京师范大学，2014．

［7］闫国利，刘璐，陈艳婷，等．聋人阅读的眼动研究［J］．心理科学，2017，40（03），553-558．

［8］鲍文慧，肖秦．聋人阅读知觉广度的研究现状与展望［J］．现代特殊教育，2018（01）：54-56．

［9］闫国利，巫金根，臧传丽，等．阅读知觉广度眼动研究述评［J］．心理学探新，2010（02）：23-28．

［10］金君敏．呈现媒介与文本长度对中文篇章阅读的影响［D］．福建师范大学，2017．

［11］贺荟中，贺利中．聋生篇章阅读过程的眼动研究［J］．中国特殊教育，2007（11）：31-35．

［12］张弘毅．插图类型与呈现方式对不同认知风格初中生认知负荷的影响［D］．河南大学，2010．

［13］张海燕．听障学生阅读理解中插图效应的眼动研究［D］．陕西师范大学，2014．

［14］吕会华．中国手语语言学［M］．北京：知识产权出版社，2009．

［15］安璐．生词密度对大学英语阅读理解的影响［J］．当代教育实践与教学研究，2017（9）：35．

［16］王怿旦，金叶，范从从．二语字幕影视生词密度及词汇宽度要求分析［J］．中国海洋大学学报（社会科学版），2018（2）：110-118．

［17］郭强，冯建新和王庭照．世界知识对聋生词语理解的影响［J］．中国特殊教育，2016（1）：22-29．

［18］本系列视频中的教师头像是主讲教师的聋人学生帮助教师制作的，生动形象，符合教师本人形象。

［19］DeafTEC Top Ten Things Deaf and Hard-of-Hearing Students Would Like Teachers to Do[EB/OL].[2020-07-13].Technological Education Center for Deaf and Hard-of-Hearing Students. CCTA,connectedtech. org.

第七章 基于学习通用设计理念的教学视频制作

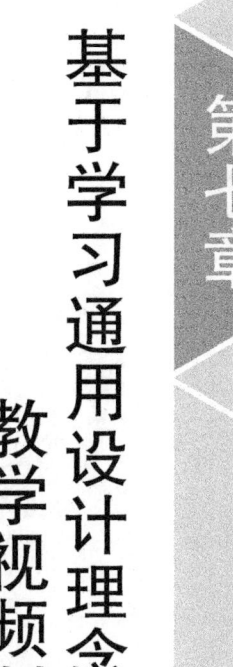

第一节　基于学习通用设计理念的教学视频录制

根据我们的调查，目前国内外公开的教学视频、慕课和教学短视频大都是没有经过学习通用设计的视频，甚至很多教学视频、慕课都还没有配备上字幕。聋人在学习这些教学视频、慕课的时候，需要进行语音识别，将语音转为文字观看，这使学习效果大打折扣。

基于学习通用设计的适合聋生学习的教学视频，和给普通学生学习的教学视频不同，必须满足语言沟通的需求。字幕是必须要有的，手语也是必须要有的，还有声音也是必不可少的。

一、录前准备

为了制作教学视频，我们密切关注了网上公开的教学视频、慕课，团队成员也尝试加入一些慕课进行学习，并参加了一些培训。从教学短视频制作角度看，教学短视频一般分为八种模式，分别有课堂模式、实操模式、录屏模式、二维动画模式、三维动画模式、抠图模式、MG 动画和课件模式。还有一种就是或者将以上八个模式全部采用，或者采用两到三种模式，一般称其为混合模式。

采取何种模式录制教学视频，主讲教师要不要出镜，手语翻译的站位和占屏大小以及如何做好其他准备工作……这些都需要提前考虑。

（一）采用何种模式录制教学视频

考虑到教学视频可以反复观看的特点，相对于课堂现场教学的内容而言，教学视频的内容是对精简压缩的知识点的讲解。如果采用课程录播的形式，学生接受起来难度比较大，手语翻译的压力也比较大。网上有一些课程采用录屏的形式也非常精彩，录屏的视频后期可以自如地加字幕，但是手语翻译不好安排。计算机等理科课程更注重操作步骤的讲解，采用录屏的方式比较好。所以，在"中国手语语言学"课程教学短视频中，在教授如何使用 ELAN 软件这个小节，采用了录屏的形式，效果也很好。基于以上考虑，最终采用了混合模式。手语翻译的视频录制完成以后，使用抠图模式，使其背景和整个屏幕的背景保持和谐统一。做好 PPT，确定好出现时间、停留时间、出现形式等要素后，和手语翻译的视频合成为一个视频，然后再加入主讲教师的口语讲解以及字幕。主讲教师口语和手语翻译的手语及字幕要保持同步。

（二）主讲教师要不要出镜

在基于学习通用设计的教学短视频中，手语翻译要出镜，这是必需的，而且手语翻译需要一直在屏幕上出现，不能隐去。这样的话，主讲教师站在哪里呢？经过讨论，主讲教师和手语翻译同时出镜的方案很快被否定了。因为如果两者同时出镜，画面上有两个活动的人像，会影响观看者的注意力。另外，屏幕的大小有限，如果两个人物同时出镜，PPT 教学提纲就没有办法展示了。于是，我们最终采取的办法是主讲教师不出境，在屏幕的右下角以 Flash 动画头像的形式出现。动画头像是请聋生给主讲老师制作的，与主讲老师神似。

（三）手语翻译站在哪儿，占画面多大比例

解决了主讲教师出不出境的问题之后，接下来要解决的问题是手语翻译的站位和占屏比例。我们考察了不同国家的新闻手语翻译的站位和占屏比例，设计了几组不同的方案给聋人大学生观看，从观看者的角度验证哪种方案合适。经过反复设计，最终确定手语翻译占屏幕面积的 1/3 左右，这样看手语翻译比较清晰、舒适。

在考察过程中我们发现，手语翻译的站位各不相同，有在屏幕左边的，有的在屏幕右边。更有一些电视节目，手语翻译一会儿在屏幕左边，一会儿在屏幕右边。在我们录制的教学短视频中，手语翻译站在哪边呢？经过试验，手语翻译站在屏幕左边的方案得到了聋生和手语翻译的肯定。为什么聋人一致认为手语翻译站在左边较合适呢？乔静芝、张兰兰和闫国利采用移动窗口范式探讨了中国聋人大学生汉语阅读的知觉广度。研究发现，聋人大学生与普通大学生的右侧阅读知觉广度范围相同；而在左侧范围上，聋人大学生大于普通大学生，这表明聋人大学生汉语阅读的知觉广度大于普通大学生。[1] 聋人大学生左侧阅读知觉广度为2个字，普通大学生为1个字；而聋人大学生和普通大学生右侧阅读知觉广度都是2~3个汉字。这个试验证明，选择手语翻译站在屏幕左侧是有科学根据的，因为聋人左侧知觉广度大。

（四）手语翻译的妆容

出镜的手语翻译穿什么样的衣服合适呢？按照惯例，手语翻译一般穿着纯深色（多为黑色）的长袖上衣，同色的裤子。我们教学短视频的手语翻译也不例外，选择了黑色，穿的是稍微有一点儿装饰的九分袖上衣。我们也曾试验过活泼一点儿的衣服，选择过绿色、棕色、红色等颜色的上衣进行试镜，最后发现还是黑色的最合适。

因为涉及后期的抠图，所以头发要整齐。我们的手语翻译选择了盘发。

适当淡妆。首饰尤其是手部的首饰应全部摘下，以保持手的干净，使表达更清晰。手是手语者主要的发音器官，手要清洁干净，就像口语者说话的时候，口腔中不能有东西一样。

（五）教学短视频片段的写作与翻译

教学短视频的特点是选取一个知识点在短时间内集中讲解。为此，主讲教师需要选择适合教学短视频讲解的知识点进行设计。每个知识点的讲解最好控制在10分钟以内，尽量不要超过10分钟。确定了知识点以后，还要对教学短视频片段进行设计。PPT选择什么样的背景、什么字体以及如何和字幕字体颜色呼应，需要配上什么样的图片，什么时候出全屏的PPT、什么时候和手语翻译一起出现等诸多问题都要事先考虑到。

---

[1] 闫国利，刘璐，陈艳婷. 聋人阅读的眼动研究［J］. 心理科学，2017，40(3)：553-558.

教学短视频讲稿确定以后，要及时交给手语翻译，手语翻译要进行转写。转写之后，翻译会将转写内容返还给主讲教师审核。主讲教师主要审核翻译对文本内容的理解是不是准确。确定以后，翻译需要将内容背下来，以便更自然地表达。

二、录制现场

"中国手语语言学"课程教学短视频制作现场方面的工作主要是录制手语翻译的视频和主讲教师的口语讲解。

在手语翻译的录制现场，为了达到真实自然的效果，我们聘请了聋生作为录像助理。聋生做录像助理，不仅可以使翻译放松、手语表达自然，而且这两位聋生助理选修过"中国手语语言学"课程，他们对教学内容熟悉。这样不仅可以起到评判手语翻译的翻译是不是能让学生看懂的作用，还可以随时和手语翻译沟通，协助手语翻译理解教学内容。

主讲教师的口语讲解须在手语翻译完成以后录制。因为根据手语翻译的现场发挥，有些文字可能需要稍微改变一下表达方式，以便和手语相适应。另外，口语讲解要保持中等语速，要和手语的语速配合。字幕要配合手语和口语语速出现。字幕出现太快不利于需要看字幕学习的学生理解教学内容。

三、后期制作

进入后期制作阶段，需要选择屏幕的背景。这也是从录制开始一直都在考虑的问题，一边录手语翻译，一边做后期。试用了几个方案之后确定了目前的黑板绿色作为屏幕的背景色。

另外，正如本章第一节所言，后期制作又遇到了各种新的困难，我们都——克服了。最后圆满地完成了教学短视频录制任务。

第二节 教学短视频手语翻译实践报告

"中国手语语言学"课程教学短视频的手语翻译是聋人。该课程的翻译相当于先笔译后口译。手语翻译可以提前拿到讲稿,并有充分的时间进行准备。抛砖引玉,现将此次翻译实践总结如下。

一、译前准备

(一) 充分理解所翻译的内容

"中国手语语言学"课程教学短视频的内容包括中国手语的语言地位、中国手语的语音、词汇、句法特点,以及手语语言学的研究方法等。内容涉及比较艰涩,涉及不少语言学及手语语言学的专业术语。对于非语言学专业出身的手语翻译,翻译难度比较大。

因为涉及的内容相对比较专业,虽然聘请的翻译手语娴熟、精通汉语、对手语语言学也有一定的了解,但还是有一些专业问题需要提前查阅,以便更好地用手语将相关概念表达出来。为此,手语翻译做了大量的译前准备工作。

第一步,学习相关内容。手语翻译自己先通读讲稿,遇到疑惑之处,或自行查阅文献,或和主讲教师沟通交流,及时解决。

第二步,通读讲稿之后,将全部内容进行了手语转写。主要是为之后的翻译做准备,等于翻译草稿。另外,此举还可使手语翻译加深对教学内容的理解,发现翻译的难点,及时与主讲教师沟通协商,选择最合适的手语和汉语表达方式。

第三步,分析文本风格,确立翻译风格。在进行手翻实践之前,先对原文文本进行分析,了解文本功能和风格,找到合适的翻译策略,这样才能翻出高质量的作品。关于文本的类型,莱思(Reiss)指出,信息型文本主要是表现事实、信息、知识和观点等的文本,其语言特点是逻辑性较强，文本的焦点是内容而不是形式，翻译时应以简朴明了的白话文传递与原文相同的概念与信息。表情型文本用于表达信息发送者对人、对物的情感和态度，其语言具有美学的特征，侧重点是信息发送者及其发送的形式。表情型文本的翻译应采用仿效法，以使译文忠实于原作者或原文。感染型文本旨在感染或说服读者并使其采取某种行动，以读者和效果为导向，其语言形式通常具有对话的性，其关注点是信息的接受者，侧重于感染的作用。翻译感染型文本时，可用编译或适应性的方法以达到感染读者的目的。❶

"中国手语语言学"课程教学短视频既有论文的解释性特点，又有生活实例与小故事穿插其中，总体来说，此教学短视频内容在文本类型上属于信息型与表情型混合，但以信息型为主的文本。在具体的翻译实践过程中，手翻需要兼顾两种类型文本的特点，合二为一。信息型文本，以解释内容为主、注重逻辑、保持简洁明了，使聋人通过手语翻译最大限度完整地获取原文所要传达的信息。同时，对于故事说明的部分，手语翻译着力传达其情感，力争忠实于原文，侧重表意。

（二）了解受众确定手语表达

教学短视频除了将用于特教学院正常的课堂教学外，还会在适当的时候向社会开放。课程的受众包括聋人（聋人学生和社会聋人）以及听人手语爱好者。

中国手语也存在方言差异，另外由于文化背景、受教育背景等因素的影响，在聋人内部手语也存在着一些差异。

特教学院的学生来自全国各地，他们之间有手语方言的差异，也有手语水平的差异。由于当时国家通用手语还未发行推广，最后确定以北京地区手语为主，南方及其他地方手语为辅进行翻译。目前，国家推广国家通用手语，如果是面向全国聋人的手语翻译服务，应以国家通用手

---

❶ 吴艾玲. 莱斯的翻译类型学与文本类型翻译在中国［J］. 南京理工大学学报（社会科学版），2005，18（005）：58-62.

语的表达方式为第一选择。

由于聋人大部分靠视觉获取信息，又长期生活在无声环境中，所以，在翻译的过程中，手语翻译要以视觉语言的思维方式来呈现自己的手语语言，即聋人习惯的表达方式。在描述两个人的对话时，以身体倾斜来表示角色的变化，这样不但省去了类似于汉语的"张三说""李四说"等内容，更重要的是便于聋人快速抓取到信息。当叙述两者或三者间的关系时，以空间位置代表不同的对象。比如，讲到属性一和属性二的关系时，先在9点钟的位置介绍"属性一"，然后再到3点钟的位置介绍"属性二"。如此表达，聋人很快地就可以看懂属性之间的关系，避免思维混乱。

二、译后反思

（一）体会

第一，要充分熟悉拟翻译的内容，做好译前准备工作。

第二，要有坚实的理论基础。在理论的指导下，译者的翻译实践能力可以得到显著的提高。

（二）教训

第一，在理解的基础上再转写。在没有完整阅读完全部文本，没有完全理解文本内容时就开始转写，可能会造成对文本内容的曲解。理解是清晰表达的第一步。

第二，提高长句处理能力。在长句的处理上需要积累经验，目的语用语习惯、拆分和转换长句等方面的能力亟须提高。

总之，通过本次翻译实践，翻译者认识到，要深刻了解有声语言和手语两种语言的差异，熟练的双语、高水平的翻译技巧是翻译质量的保证。同时，翻译人员要注重自身有关专业知识的积累，这样才能保证信息传递的科学性和准确性。

第三节　基于学习通用设计的教学视频改造

一、教学视频改造的程序

目前，中国大学慕课等平台上有众多优秀课程可以学习，但是聋生要想享受这些优质的教育资源还有很多困难需要克服。这些课程大多内容艰深，聋生学习起来有一定难度，而且很多没有字幕，更不用说有手语翻译了。为了改变这种状况，北京联合大学特殊教育学院计算机专业的教师联系到了哈尔滨工业大学战德臣教授，他同意可以将他的"计算机导论"慕课进行改造，以便适合聋人大学生学习。

改造有两个方案可供选择：一个方案是采用战教授的教学内容，我们自己的教师对教学内容做适当的改写，配上手语翻译，再讲一遍，和上面"中国手语语言学"课程一样录制；另外一个方案是部分改造，对学生理解有困难的概念，用手语进行讲解，然后将手语讲解的视频插入到战教授的慕课中。为了使学生体验到原汁原味的为听人录制的慕课，最后决定采用第二种方式，即解释关键词的方式。

（一）关键词的选择与解释

组织本专业高年级学生中计算机专业水平、汉语水平、手语水平都有差异的四位同学组成了小组。他们观看全部的慕课，在看的过程中，记下自己不甚清楚的概念或者反思自己当时学习该课程时理解有难度的概念。把这些疑问提出来，交给主讲教师进行审核，决定选择哪些概念进行手语解释。

确定关键词以后，小组学生用最通俗易懂的汉语写出对这个概念的解释。写完以后，交主讲教师审核，审核通过以后，进行翻译。

（二）翻译关键词

在对关键词的翻译的过程中，也是坎坷曲折，理念不断转换。是选用中国手语（自然手语）还是手势汉语来解释关键概念呢？

计算机术语专业性强，当时虽然有《国家通用手语词汇》的征求意见稿，也有《计算机词汇手语》可供查询，但是有一些常用表达方式和《计算机词汇手语》这本书上的表达方式出现了很大的差别，导致很多聋人看不懂计算机词汇手语，或者在现有的手语书籍中查不到有关概念的表达方式。开始负责翻译的同学选择的是用手势汉语翻译。如果用手势汉语翻译，很多学生看不懂手势汉语以致理解这些概念难度很大。为什么要在课程中加入用手语对关键概念的解释呢？是因为有部分同学汉语是第二语言，中国手语（自然手语）是他的第一语言，用手语进行讲解，更有利于他们的学习。所以，所用手语必须是这部分学生可以看懂的。手语不好，汉语好的那部分同学可以通过看字幕学习对关键概念的解释。

（三）录制及后期制作

录制之前，也是对翻译的衣着、发式及站位等进行了反复的实验，最后发现"中国手语语言学"教学短视频制订的方案是可行的。所以关键概念解释的翻译工作顺利录制完成。后期制作和"中国手语语言学"不同，这个改造教学短视频关键概念解释没有配口语，只需要字幕和手语平行对齐，也不需要制作PPT，使用原课程的PPT即可。

二、计算机术语手语表达

（一）指拼的问题

用汉语手指字母中的声母来代表某些词语的意思，这在原来的《中国手语》中比较多。据不完全统计，在《中国手语》这本书中，有1000多个带有指拼的手势。聋人对这种带有指拼比较多的手势理解起来很困难。比如，打出声母ZH再加上"教师"的手势，聋人很难分辨是张教师、赵教师还是郑教师。计算机专业术语的手语表达也有这方面的问题。聋生对一些专业术语的手语表达感到非常陌生，不知道表达的是什么意思。如"输出缓冲区"这个词语。

【例7-1】 "输出"手语表达

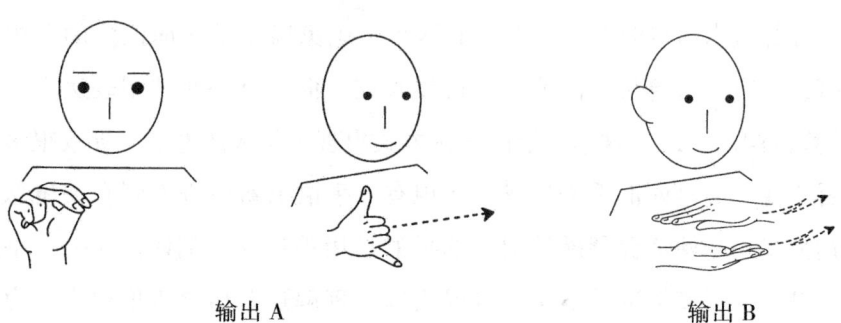

输出 A　　　　　　　　　　　输出 B

A 的"输出"加入了指拼 SH，导致一些聋人看了之后，并不能理解是什么意思，虽然表面上看是有了手语的加入，但是实际上不能理解。

B 的"输出"是《计算机词汇手语》中的表达，但是学生对这本书关注不多，也出现了和指拼手势相同的问题，不理解或者理解为其他意思。但是这比 A 的指拼手势的语义清晰了不少，所以暂时选择了这个表达方式。随着对聋生手语教育的加强，类似问题也会有所改变。

（二）同样的内容，不同的手语书收录的表达方式不同

以"存储字长"为例。

【例7-2】 "存储字长"手语表达方式

《中国手语》表达方式：

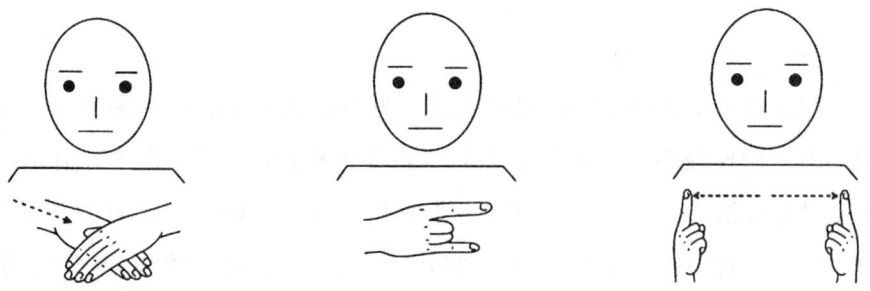

《计算机词汇手语》表达方式：

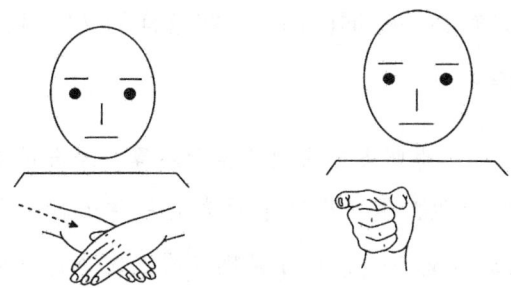

从以上例句中可以看出《中国手语》和《计算机词汇手语》"存储"的打法是一样的。但是"字长"两者打法不一样了，最后选择了《计算机词汇手语》的表达方式，这个更适合计算机专业词汇的本义。

（三）查不到手语如何表达，采用解释的方法进行翻译

计算机专业涉及的术语，有时在各种手语词典中都查不到如何用手语表达这些术语，这时需要手语翻译自己确定如何翻译解释。

如"近似"。"近似"数学上有个符号是"≈"，顺着这符号来打手语：一手竖着食指和中指，向横方向去打，提高了手语的辨认度。

"曲线"，很多学生这样表达：先打字母"Q"的手势，再用双手大拇指、食指指尖相捏，从中间向两旁拉开，呈现"—"的手势，表达"线"的意思，这样的手势透明度很低。而如果换作【例7-3】这样表达，就增强了手势的透明度，可以使学生快速理解。

【例7-3】曲线

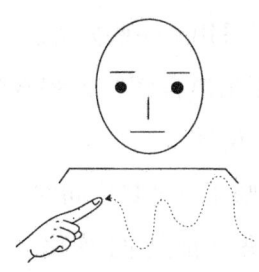

(四) 句子翻译

下面的例句是解释关键词的内容。将这样的文字翻译为手语，对翻译是比较高的挑战。

例1　差分：也叫差分函数或差分运算，差分的结果反映了离散量之间的一种变化，是研究离散数学的一种工具，常用函数差近似导数。公式 $\Delta y_x = y_{x+1} - y_x$，在计算机方面把这个计算公式转换成一个机器可执行的程序就可以实现求差分。

例2　演化规律：曲线反映了一种生命的演化规律，如幼年到成年，到壮年这个巅峰状态，再到老。

例3　顺序结构：只要按照解决问题的顺序写出相应的语句就行，它的执行顺序是自上而下，依次执行。

例4　存储矩阵：存储矩阵：由大量的存储单元组成，每个存储单元能存放1位二值数据（0，1）。例如4行3列上有001，101，010，110。

例5　硬件资源：资源包括硬件资源和软件资源，是指执行一个用户程序所需要的全部硬件设备、软件设施和数据。这里主要介绍硬件资源分配相关内容。

例6　磁道：当磁盘旋转时，磁头若保持在一个位置上，则每个磁头都会在磁盘表面画出一个圆形轨迹，这些圆形轨迹就叫作磁道。

在翻译这些句子的时候采用了一些方法。

第一，采用和"中国手语语言学"课程教学短视频录制翻译同样的方法，先对汉语句子进行手语转写。

原句："差分的结果反映了离散量之间的一种变化"

转写："差分 结果 反映 离散量 间 变化"

第二，用描述的方法表达"4行3列上有001，101，010，110"。这个不用花费很多时间去研究，一看就知道可以用动作描述的表达方式。"行"是一手大拇指、食指相距约半寸,画一条横线的手势,"列"是继续刚刚的手势,但画的方向不一样,画的是一条竖线的手势。这两个手势在这句是行不通的,还浪费了些不必要的时间,"4"和"行"两词若是用了这样的手势,就有了两个手势,其实这两个词可以合并成一个手势,一手竖着数字"4"和"行"也就是画横线合并,"3"和"列"也就是划竖线合并。后面有四个三数字,可以按的图案去描述。简洁易懂。

```
0 0 1
1 0 1
0 1 0
1 1 0
```

图7-1 4行3列上有001,101,010,110

第三,用空间位置。

手语是三维甚至是四维的语言。空间位置在手语中有非常重要的作用。

比如,翻译"人计算"和"机械计算"的区别时,将"人计算"放在身体左边。凡是讲人计算的时候,左肩前倾;将机械计算放在身体的右边,讲机械计算的时候,右肩前倾。

第四节 无障碍字幕的尝试[1]

字幕在聋人视频学习中扮演着重要角色。但是,聋人大学生在文字阅读方面与普通人有很大的差距。海德(Hyde)的研究发现,聋生对理解文字题没有任何信心,倾向于寻找问题中的关键词语,按照关键词语的提示解答问题,从而导致许多错误。[2] 聋生解答数学文字题存在元认知

---

[1] 冉若曦,李晗静,吕会华. 基于SETT框架的无障碍字幕教学视频研究与实现[J]. 北京联合大学学报,2016(3):88-92.

[2] HYDE M,BERGEN R Z. Power D. Deaf and hard of hearing students:performance on arithmetic word problems[J]. American Annals of The Deaf,2003,148(1):56-64.

水平低下、解决问题时速度过快、过于冲动、缺少全面的思考和反思等困难。这是穆斯利（Mousley）等人在1998年发布的研究结果。❶ 于素红发现，聋生不能建构正确问题模型的原因，不是由于缺少逻辑—数学知识，而是由于阅读方式无规律，文字语义理解能力薄弱。❷

张宁生等人在2004年提出，对聋人使用一定的阅读辅助方法可以提高聋人的阅读效率。❸ 因此，一套适用于辅助聋人阅读的字幕形式，在聋人视频学习中将有重要的研究意义。为此，我们认为应该对目前的字幕进行改造。改造完成的字幕称为无障碍字幕。通过对字幕的改造，达到提高聋人阅读字幕文本能力的效果。无障碍字幕的改造如何进行呢？无障碍字幕的生成首先是通过基于SETT框架对聋人阅读的需求做出分析，匹配合理的辅助技术。其次，在假设该方案可以提高聋人对字幕文本信息获取能力的前提下进行试验，并对结果进行分析，从而验证无障碍字幕对聋人阅读视频资源，快速获取信息的积极作用。

一、基于SETT的聋生视频课堂需求分析

SETT框架，即学生（Student）—环境（Environment）—任务（Task）—工具（Tool），可用于评定辅助技术适配。SETT框架认为，学生辅助技术评定适配的影响因素由学生（Student）、环境（Environment）、任务（Task）与工具（Tool）四要素组成。❹ 应用该模式进行聋人字幕阅读辅助技术适配，首先要搜集聋人信息、学生所处的教学环境及其必须完成任务方面的信息；其次在对这些信息分析的基础上识别问题，明确

---

❶ Mousley K, Kelly R R. Problem-solving strategies for teaching mathematics to deaf students[J]. American Annals of the Deaf, 1999, 143(4): 325-336.

❷ 于素红. 聋生解决加减文字题的认知研究[D]. 上海：华东师范大学, 2007.

❸ 张宁生, 黄丽娇, 等. 认知策略教学对聋人学习者的影响[J]. 心理科学, 2004（1）: 193-197.

❹ ZABALA J S. SETT Scaffolds[EB/OL]. [2016-03-01]. http://www.Joyzabala.com/Documents.html.

聋人的特点和需要；最后将学生的特点、需要与潜在的辅助技术适配。[1] 本研究选取 18 名聋人大学生进行调查分析。根据 SETT 框架理论，对聋人大学生程序设计课堂进行辅助技术评定时，需要搜集背景信息、识别问题和明确聋人大学生的特点和需要，将聋人大学生的特点和需要与潜在的可用的辅助技术相匹配，形成辅助技术解决方案。

（一）被试背景信息

通过问卷调查法收集信息，调查对象为本科聋人大学生，信息如下：共 18 人，10 男 8 女，年龄在 20~24 岁，对通过视频进行学习都有一定的经验。14 人佩戴助听器，0 人有电子耳蜗，调查者的听力等级全部在 70 分贝以上。

在环境信息收集过程中，根据 SETT 框架，该部分信息的收集主要通过观察法，在观察过程中，需要明确被观察对象在环境中正在做什么，需要做些什么，以及被观察者在完成任务的时候借助了哪些工具。为此，研究人员与聋人同学一起参与聋人课堂活动，并对聋人视频进行了长久的观察分析，最终的观察结果：聋人在观看视频教学的过程中，首先会选取有字幕的视频进行观看。其次，在播放器选择方面，不同的聋人会选择相同或不同的播放器，即聋人在该方面没有特殊的需求。同时，聋人在视频观看中，往往容易分心，很难长时间坚持，研究人员对这一现象进行调查询问，得到的结果很多原因都是很难通过字幕完全了解视频授课内容，最终导致放弃。聋人在观看视频教学时所处的环境对聋人的观看并不会起到太大的影响，因为听力的缺失，无论是在教室还是在实验室，聋人在看视频时都不会被周围嘈杂的环境所影响。

（二）明确聋大学生的特点和需要

在 SETT 框架中，一般需要对以下问题进行识别研究：被调查者的文本理解能力水平高低？被调查者需要做什么？他们有什么障碍或困难需

---

[1] 郑俭. 在特殊教育个别化教育计划中纳入辅助技术：基于 SETT 框架 [J]. 中国康复理论与实践，2013-19（5）：421-425.

求?在当前的环境中有哪些资源可以利用来解决这些问题?为了解决当前困难和障碍,有哪些问题需要解决?本研究采用调查问卷和专家小组讨论两种方式来明确聋人大学生的特点和需要。调查问卷用来明确聋人在阅读字幕时的需求。调查问卷根据聋生对理解文字题倾向于寻找问题中的关键词语,解决文字存在元认知水平低下,阅读方式无规律,文字语义理解能力薄弱等问题设计,主要以选择题的方式给出,涉及聋人在阅读字幕时是不是存在断句困难、专有名词难以理解、字幕速度过快等问题。在专家小组讨论的过程中,本研究邀请了从事特殊教育事业研究的多位教授、教师、多名聋人大学生以及从事信息无障碍辅助技术研究的研究生一同组成专家小组,对聋人字幕阅读的需求以及查问卷的调查结果进行深入探讨。本研究将设计涉及的调查问题以及对问题的具体描述如表 7-1 所示。

表 7-1　聋生阅读字幕时的需求

聋人阅读需求	对需求的详细描述
字幕断句	字幕整句话太长,通常阅读字幕时无法快速掌握整句的意思
专有名词	无法从一句话中快速地提取出句子中的专有名词
字体大小	字幕所占比例略小
字幕出现速度	字幕闪现的频率太快,跟不上节奏
语音重点词	由于字幕文本没有音频信息,阅读无法感知到重音或重点信息

(三) 辅助方案的适配分析

为了找出适当的辅助技术方案,应该将之前分析的聋人需求罗列出来,并将这些需求转化成为辅助技术中的技术特征。在 SETT 中,提供了一种工具以供将聋人的困难、需求和能力相适配,这种工具叫作"SETT 框架:工具选择"。本研究利用该工具中的工具识别表来对聋人需求进行适配,具体的适配过程如表 7-2 所示。

表 7-2　SETT 框架：工具选择

工具	字幕文本断句困难	专有名词	字幕出现速度	重点词	字体大小
字幕切分	√	√		√	
调整播放速度			√		
规范字体					√
字体颜色标注		√		√	

根据表 7-2 的适配结果，本研究将针对聋人在阅读字幕文本时存在的问题设计相应的辅助方案。

二、无障碍字幕教学视频的设计方案

根据之前的调查分析，本研究给出了字幕文本的韵律切分、字幕文本的专有名词标注、字幕文本中韵律信息中的重音词标注、播放速度调整、字幕文本字体规范等技术为核心的设计方案，具体的设计开发实现流程如图 1 所示。本研究中，对视频教学课堂的视频进行了采集，视频采集过程由专业的视频拍摄公司协助，采集结束后对字幕信息进行提取，字幕文本以句为单位，每句作为一行，进行处理。字幕文本采集结束后，首先对字幕文本分词，再对字幕进行人工处理，主要的目的是处理成为以词为单位的句子，词之间用空格进行划分。同时，在字幕文本处理的过程中，将含有重音信息的字幕文本用红色进行标注。其次，将处理好的字幕文本合成到视频文件中，字幕文本在视频中的位置为下边框，居中。最后，导出视频文件，完成的无障碍字幕。

三、无障碍字幕教学视频的应用试验

（一）被试

参照聋人研究中被试的选取标准❶，使用《瑞文标准推理测验》筛选工具对被试进行筛选，被试选取标准：除听觉障碍外，没有其他障碍；

---

❶ 乔静芝，张兰兰，闫国利．聋人与健听大学生汉语阅读知觉广度的比较研究［J］．应用心理学，2011（3）：249-258，264．

失聪年龄在3岁及3岁以前（语言发展之前）；听力损伤在70分贝以上，视力或矫正视力正常。经过筛选，选取聋人大学生共18人参与测试，其中10男8女，年龄在21~25岁。

（二）材料

测试中选取3段视频教学资料，该3段教学视频资料为计算机思维本科课程视频，皆为被试者的必修课程。在视频资料内容的选取中，采用专家小组的形式筛选，专家小组包括从事特殊教育事业的教授、教师、研究生以及聋人大学生3名，以确保所选视频资料内容对于聋人大学生是可以读懂的。然后，将这3段视频资料分别进行字幕处理，处理成为两段字幕不同的视频资料，一个为普通字幕的视频资料，另一个为无障碍字幕视频资料。处理结束后，将有6段视频资料，其中视频资料的具体信息如表7-3所示。

表7-3 实验材料详情

序号	字幕字数	视频长度
视频一	34	1′20
视频二	43	2′02
视频三	30	1′25

同时，对视频内容编写相关的问答题，共3套，每套题有10道关于对应视频的问题，均为4选1的选择题。在实验中，每人将答2套试题，答题量为20题。针对本研究的内容，还有一份调查问卷，问卷主要针对聋人在观看无障碍字幕时的主观感觉进行调查，内容包括：你认为观看带有无障碍字幕的视频是不是对你的理解有所帮助；你认为无障碍字幕的优点有哪些；对无障碍字幕还有哪些意见等。其中，选择题3题，主观题2题，一共5题。

（三）实验过程

本次测试采取同一个被试观看不同字幕的视频资料后，回答问题的正确率来验证无障碍字幕与普通字幕是不是存在显著差异。在测试中，针对每一个被试，首先，在 3 段视频中随机抽取两段视频作为本次测试的资料。其次，再进行一次随机选择，以确定抽取到的两段视频资料中哪一段作为无障碍字幕视频来测试，两段视频的观看顺序也将在此次随机选择中决定。再次，被试根据抽取的情况分别观看视频，观看结束后等待 10 分钟，再进行问题回答。最后，填写调查问卷，即最后的实验统计量为 18×6×10×5。

四、结果与分析

实验结束后，对被试的答题成绩进行了统计，对实验得到的成绩数据进行统计分析，分析过程使用 SPSS 19.0 软件，得到被试在观看两种不同字幕后答题成绩的均值（M）、标准差（SD），以及统计结果的主效应显著性，结果如表 7-4 所示。方差分析表明，在聋人观看无障碍字幕视频时的主效应显著，$F=14.29$，$P=0.001<0.05$，说明聋人在观看两种不同字幕的视频时，对视频信息的了解具有明显的差异。

表 7-4 普通和无障碍字幕视频观看后统计分析结果

类型	M	SD	N
无障碍字幕	8.50	1.38	18
普通字幕	6.33	2.00	18

同时，在针对聋人主观调查问卷中，认为无障碍字幕在理解、关键词和记忆方面对自身有效的结果，大部分的被试认为无障碍字幕在帮助自己定位关键词和记忆视频内容方面有着很好的作用。

从以上的实验结果中可以看出，无障碍字幕教学视频从一定程度上可以提高聋人观看视频时的效果，不过，这部分还需要设计更为详细、更为长久的教学实验来论证其有效性。总体来看，无障碍字幕教学视频是符合聋人需求的，具有重要的研究意义。

五、结论

随着字幕需求的不断增加,字幕的研究还应该再进一步深入。同时,研究者对字幕的呈现方式引起的认知功能的关注还很少,针对不同阅读能力以及不同障碍的人群,如何让字幕更好地帮助聋人理解视频内容,从而起到视频无障碍的建设也是未来急需解决的问题。同时,针对字幕研究多模态话语的认知机制,试图找到最有效的方法匹配"阅读"和"听力",这一点对于聋人阅读观看视频也是非常重要的。字幕应用在聋人阅读领域的研究,应该是全纳教育的一部分。本研究基于这些事实,对字幕文本进行改造并进行论证,在今后还将集中在无障碍字幕生成的自动化程度,以及无障碍字幕对聋人记忆和理解方面的效果进行进一步研究。

参考文献

[1] 闫国利,刘璐,陈艳婷,等. 聋人阅读的眼动研究 [J]. 心理科学,2017-40 (03),553-558.

[2] 吴艾玲. 莱斯的翻译类型学与文本类型翻译在中国 [J]. 南京理工大学学报(社会科学版),2005,18 (005):58-62.

[3] 冉若曦,李晗静,吕会华. 基于 SETT 框架的无障碍字幕教学视频研究与实现 [J]. 北京联合大学学报,2016 (03).

[4] HYDE M,BERGEN R Z,POWER D. Deaf and hard of hearing students:performance on arithmetic word problems[J]. American Annals of The Deaf,2003,148(1):56-64.

[5] MOUSLEY K,KELLY R R. Problem-solving strategies for teaching mathematics to deaf students[J]. American Annals of the Deaf,1999,143(4):325-336.

[6] 于素红. 聋生解决加减文字题的认知研究 [D]. 上海:华东师范大学,2007.

[7] 张宁生,黄丽娇,等. 认知策略教学对聋人学习者的影响 [J],心理科学,2004 (1):193-197.

[8] ZABALA J S. SETT Scaffolds[EB/OL].[2016-03-01]. http://www.Joyzabala.com/Documents.html.

[9] 郑俭. 在特殊教育个别化教育计划中纳入辅助技术：基于 SETT 框架 [J], 中国康复理论与实践, 2013-19（5）：421-425.

[10] 乔静芝, 张兰兰, 闫国利. 聋人与健听大学生汉语阅读知觉广度的比较研究 [J]. 应用心理学, 2011（3）：249-258, 264.

后 记

第一次听到"学习通用设计前有"这几个字，是在从北京联合大学校本部回特教学院的出租车上。当时，车上还坐着我的同事李晗静、姚登峰两位老师。他俩一直在给我科普这一概念。当晚我便开始查找相关资料学习，寄希望于学习通用设计是一剂"灵丹妙药"，至少能够部分地解决当前聋教育所面临的沟通问题。

曲曲折折若干年，我发现学习通用设计不是一剂"灵丹妙药"，但是它也确实可以部分地解决目前聋教育所面临的沟通问题。几年来，从理论到实践，大量的文献阅读，使我对学习通用设计有了更深的理解，它有自己的框架、原则，但它更是一种理念。接受这种理念，会让我们教学更加贴近学生的实际。除理论探讨以外，我们也进行了实践，我们力争实践的每一步都能在理论指导下进行。事实也证明我们做到了。

磕磕绊绊这几年，因为各种各样的原因，研究和实践的成果和预期还有一些差距。欢迎大家加入学习通用设计的大家庭中，在各自的领域实践这一理念，也请大家批评指正。

本书由吕会华、李晗静合作完成。吴迪、臧晓宇、路文杰、袁生慧、李永格、恒淼、张豪、丁辽楠等亦对本书有所贡献，李汶炳、程菲菲两位同学帮助绘制了部分插图。在此一并向各位表示感谢。

吕会华
2021 年 9 月